社長と社員全員が一緒に考える

経営戦略立案シナリオ

佐藤義典(ストラテジー&タクティクス株式会社代表取締役社長)── 著

▶顧客視点で事業の競争力を強化する！

かんきビジネス道場

経営戦略を大きくまとめると、①戦場型（Battlefield）②独自資源型（Asset）③差別化型（Strength）④顧客型（Customer）⑤メッセージ型（Selling Message）の5つに括られる。

この5つの要素の英語の頭文字を取り、
ひとつにまとめたツールが「戦略BASiCS」だ。

このツールを使って一貫性をもたせ、全体最適を実現しよう。

それが切れ味するどい戦略となる。

かんき出版

はじめに

経営戦略を経営者の手に取り返そう！

本書は、経営者のための経営戦略の本である。経営者といっても、社長のみならず、事業、地域、製品に責任を持つ人、また将来、経営に関する意思決定を担う人が、社員全員と一緒に経営戦略を考える際の〝使える道具〟をまとめた本だ。

わざわざ「経営者のための」という枕言葉をつけているのにはワケがある。昨今、経営戦略というと、ＭＢＡを持つ優秀なスタッフが大量のデータを分析・駆使してつくる、いかにも難解で複雑なものと思われている風潮がある。事実、経営戦略の本には、５Ｆｏｒｃｅｓだ、ＳＷＯＴ分析だと、英語やカタカナの理論ばかりが目立ち、経営者が経営戦略を練る際にお手伝いできる実務的な本が少ない。

本書はそれに対するアンチテーゼだ。経営戦略は、コンサルタントや経営企画部の専売特許ではない。経営者が自ら戦略を考え、実行し、経営をしていくためのものだ。本書を手に取っていただいたような、経営を真摯《しんし》に考えている人たちのお手伝いをするために、この本は書かれた。

では経営戦略を考える際の〝使える道具〟とは何か。本書で紹介する道具は、私が世界中で議論されている経営戦略を数年がかりでまとめ、体系化し、現場での実験を重ね、実戦で使えるようにしたものである。

詳細は本編を読んでいただくとして、ここでは簡単に紹介しておこう。

経営戦略を大きくまとめると、次の5つに括られる。

①戦場型（Battlefield：戦場・競合）
②独自資源型（Asset：独自資源の蓄積）
③差別化型（Strength：強みを活かした差別化）
④顧客型（Customer：顧客ターゲットの選択）
⑤メッセージ型（Selling Message：伝わるメッセージ）

これらの5つの要素の英語の頭文字を取り（iを除く）、ひとつにまとめたものが私が開発した経営戦略ツール「戦略ＢＡＳｉＣＳ（ベーシックスと読む）」だ。戦略の基本（ベーシック）という意味も込めている。この「戦略ＢＡＳｉＣＳ」が本書の土台となる。

5つの要素の一貫性をとり、全体最適を実現することこそが戦略なのである。既存の経営戦略の本は、要素のどれかに偏ることが多かったが、それでは実践的ではない。重要なことは、5つのすべての要素を、モレがないように一貫性を確保することだ。

そもそも経営者の仕事は、営業、マーケティング、開発、生産、人事などを俯瞰し、全体最適を考えることである。その「核」と、なるのが経営戦略だ。「こういう戦略でいくから、営業はこうする、マーケティングはこうする、人事はこうする」と、横断的に指示しなければならない。そうでないと、営業・マーケティング・開発・工場などが各自の判断で動き、いわゆる〝戦略がない状態〟になる。つまり5要素の一貫性こそが、戦略のポイントとなるのだ。

未来を変えるには、戦略を変えることから始めよう

経営者の仕事は、未来を良くすることだ。今の売上をつくることはたしかに重要である。キャッシュフローが回らなければ倒産する。小規模企業であればトップ自らが商談を決めてくることは多いだろう。それはそれでいい。しかし、今日のことは、「過去の結果」である。今、キャッシュがないとしたら、今、売上が悪いとしたら、「今」が問題なのではない。「今」をつくり出した、「過去の何か」が問題なのだ。

経営者にしかできないことは、幅広い選択肢の中から打ち手を考え、それを全体最適で部門横断的に決めていくことだ。それが、今と違う未来をつくるということになる。同じことをやっていたら、同じ結果が生まれるに決まっている。

経営者は、自分で細かい仕事はできなくてもよい。しかし、部下がやっていることが、「今の自社の戦略に合っているか」はチェックできなければいけない。広告がつくれなくともよい。いや、つくらないほうがいい。しかし、広告をつくる人に、「こういう方向性でつくれ」と指示し、できあがってきたものに対して、いい悪いではなく「方向性が違う」といえなければならない。内容のよしあしではなく、社員がやっている仕事が戦略的に合っているかどうか、チェックするのだ。それには、仕事の内容をある程度知っておく必要はある。

現場はある程度社員に任せ、経営者はその代わりに、今が絶好調なのであればそれが続くように、今が苦しいなら将来はそうならないように、将来のことを、戦略を考えよう。それが経営者の仕事だ。

本書でいう「経営戦略」は、事業戦略、競争戦略を意味する。いわゆる全社戦略（コーポレートストラテジー）には、事業を売ったり買ったり（M&A）したり、資金調達のような財務戦略、さらには、コスト削減（リストラ）なども入ってくるが、本書ではそれらは含まない。

本書は、差別化を中心とする競争戦略を中核とし、新事業に入っていくときにどうすればいいか、既存の事業の競争力をどうやって強化していくかという点に重きを置いた。競争力の本質とは、「利益を稼ぐ力」であり、さらにいえば「売る力」だ。だから競争戦略でも「売る」ことが極めて重要になる。本書でも「売る」という経営の本質にこだわっている。

社長、事業部長、個人事業主、そして将来、経営を担っていくべきすべての人々に本書をお薦めする。そしてあなたの仲間である、社員全員にも、このような戦略的な意識を持っていただきたい。ベクトルが揃った会社は強いのだ。

では、シンプルだが奥の深い経営戦略の世界へご案内しよう。

２００７年５月　著　者

経営戦略立案シナリオ

目次

STEP 1 ● 経営戦略論の本質をつかむ

STEP2 ● Battlefield ▼ 戦うべき市場を決める

STEP3 ● Asset & Strength ▼ 独自資源を育て強みを活かす

STEP 1

経営戦略論の本質をつかむ

1 戦略は道筋、戦術は具体策

**戦略とは、見えないもの、戦術の背後にある大きな考え方。
戦術とは、見えるもの、戦略が具現化されたもの。**

◎戦略は戦術の背後にある大きな考え方

「はじめに」で、戦略という言葉を気軽に使ってきたが、一体、戦略とはなんだろうか？ 戦略の定義も百家争鳴だが、誤解を恐れずに一言でいってしまえば、「ある目的を達成するための、まとまった考え方」といえよう。戦略は、「考え方」であるから目には見えない。

では、〝戦略でない〟ものは何か？ 戦略の対比概念は「戦術」、すなわち具体的な行動だ。営業担当者が顧客を訪問する、製品を作るなどがそれにあたる。

大きく分けると、

戦略＝見えないもの、戦術の背後にある大きな考え方

戦術＝見えるもの、戦略が具現化されたもの

といえる。戦略も戦術もそれからさらに分類することはできるが、ここではわかりやすさを優先

戦略と戦術

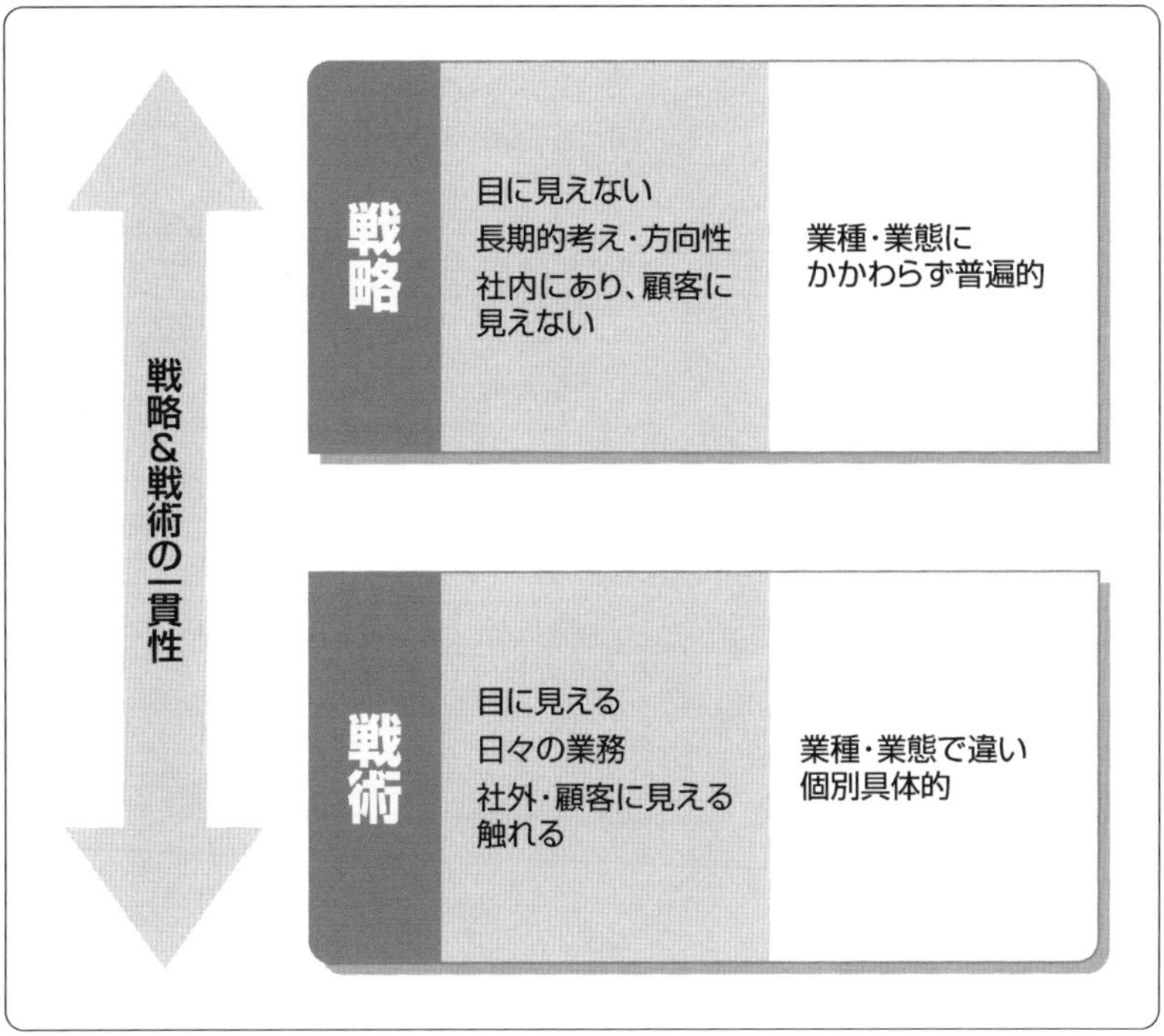

して2つに分ける。たとえば、セールストークなどは戦術よりもさらに細かい戦法レベルだが、ここでは戦術に含めておく。

戦略とは、「勝つための道筋」であり、戦術とは、その道筋をどうやって一歩一歩たどるかだ。

戦略とは、会社をどの方向に向かわせて、顧客の支持を得て、競合に勝つかという考え方（略）だ。戦術は、戦略に基づき、それを実行していく具体的な方法論（術）となる。

◎――戦略は目に見えない、戦術は目に見える

戦略は見えない。だから、経営者はもちろん、社員全員の「アタマ」

の中にあるものだ。

戦術は目に見える。たとえば、製品パッケージはどんな紙で、どんな印刷方法で、どんなキャッチコピーを使っているかというのはわかる。製品がどんなものかというのも見える。宣伝広告も見える。そしてそれらは、すべて戦略に基づき一貫している必要がある。戦略は戦術を統合し、そのガイドラインとなるものだ。

戦術は業種・業態によって違う。法規制などによっても制限される。薬事法の規制がある医療業界などはその典型だ。また顧客、季節などによっても変わる。あるとき効果的だった宣伝やキャッチコピーが、来年も効果的かというとそうとは限らない。

それに対して、戦略は業種・業態によらず普遍的だ。一見、無限に見える戦略も、大きく見れば、一定の法則に収れんされる。逃げられない法則のようなものがあるのだ。だからこそ、経営者は経営戦略を身につけておくと、他の経営者より一歩抜きん出ることができる。

2

経営戦略論の本質は5つ

経営戦略論をまとめると、①戦場型　②独自資源型　③差別化型　④顧客型　⑤メッセージ型の5つに大括りできる。

◎——理論ではなく「戦略の5つの要素」と考えよう

世間でいわれるところの「経営戦略」をざっとまとめてみよう。「経営戦略」については、学者や研究者、コンサルタントが色々な本で色々なことをおっしゃっているので、無数にあるように思われるかもしれない。しかし、その本質を抽出すれば、5つにまとめられる。世界的に有名な多くの経営戦略論も、その本質はシンプルなものだ。

ここでは、学問的な厳密性は多少犠牲にしてでも、粗っぽく、わかりやすくまとめよう。研究論文を書くならともかく、経営者が実際に経営戦略論を使う実戦の場面では、厳密性より実戦性を優先すべきだからだ。

また、私なりの解釈でまとめている。詳細は後述するので、ここでは経営戦略論の全体像をつかんでいただきたい。

①戦場型▼戦場・市場を選び、勝てる市場で戦え！

ひとつめの経営戦略論は、「戦場型」と私が呼ぶ経営戦略論だ。利益率の高い業界や競合が参入しにくい業界などの「戦場の選び方」が重要だという考え方で、「ポジショニング論」といわれるものだ。その本質は、「儲かる戦場にいれば儲かる」という経営戦略論だ。

マイケル・ポーター氏らがこの論者で、「デルが強いのは、自分でパソコンを作らずに、販売という儲かる部分に特化しているからだ」という考え方である。

②独自資源型▼他社に真似できない資源を蓄積せよ！

「儲かる戦場で戦えば儲かる」というと、「そんなことはない。デルが強いのはスピード、ノウハウなどのデル独自の資源があるからだ」という、至極真っ当な反論を思いつかれるだろう。

会社に固有の「独自資源があれば儲かる」というのが、私が「独自資源型」と呼ぶ経営戦略論だ。いわゆる「コア・コンピタンス」や「リソース・ベースド・ビュー（ＲＢＶ）」などの経営戦略論がこれである。ソニーの小型化技術、吉野家の店舗運営能力など、他社には真似できない独自の能力があれば儲かるという戦略論だ。

③差別化型▼強みのある優れた商品・サービスを売れ！

すると、「ソニーは小型化技術があったから成功したんじゃない。それをウォークマンという差

5つの主要な経営戦略論

戦場型	儲かる戦場にいれば儲かる 戦場・市場を選び、勝てる市場で戦え！
独自資源型	独自資源があれば儲かる 他社に真似できない資源を蓄積せよ！
差別化型	差別化された商品・サービスがあれば儲かる 強みのある優れた商品・サービスを売れ！
顧客型	顧客ターゲットのニーズに応えれば儲かる 顧客ターゲットの視点を持ち、顧客の気持ちになれ！
メッセージ型	売り方・伝え方が良ければ儲かる わかりやすい、魅力的な売り方・売り文句を作れ！

別化された素晴らしい製品にする商品化力があったから成功したんだ」という意見も出てくるだろう。もっともな意見で、「差別化された商品・サービスがあれば儲かる」というのが、私が「差別化型」と呼ぶ3つめの経営戦略論だ。

「差別化だ！」と声高に叫ばなくとも、これも当たり前のことだ。あまり有名ではないが、マイケル・トレーシー氏らが説得力のある主張をしている。「ブルーオーシャン戦略」などもここに分類される。

④顧客型▼顧客ターゲット視点を持ち、顧客の気持ちになれ！

さらに、「買うかどうかを決めるのは顧客だから、顧客が出発点であり、目的だ」という意見もある。

「顧客ターゲットのニーズに応えれば儲かる」というのが、私が「顧客型」と呼ぶ戦略論だ。フィリップ・コトラー、セオドア・レビット両氏など、マーケティングを軸足に置く人たちは、私も含めてこのような考え方をすることが多い。

⑤メッセージ型▼わかりやすい、魅力的な売り方・売り文句を作れ！

そして最後に、「売り方・伝え方が良ければ儲かる」というのが、私が「メッセージ型」と呼ぶ経営戦略論だ。

これを、経営戦略論と呼ぶには抵抗があるかもしれないが、日本では2005年に発売になって話題を呼んだ、スティーブン・ブラウン氏の『ポストモダン・マーケティング』などは、この典型だ。「ミステリアスな秘密をつくれ」など、売り方・伝え方に主軸を置いた考え方だ。

いかがだろうか？　過剰に単純化しているということは十分承知しているが、複雑なことは、ざっくりと単純化したほうがむしろ本質に近づける。枝葉をそぎ落として単純に、シンプルに考えると本質が見えてくることが多いが、経営戦略も同じだ。先達の研究者・実践者の諸理論を有り難がって飾っておくだけではなく、ここまで単純化して、はじめて実戦で使えるのだ。

そしてこれらは、ある意味当たり前のことばかりではないだろうか？　一見、難しそうな経営戦略論といっても、わかりやすく書けばこのようなものだ。

私は米国のいわゆるトップスクール（ペンシルバニア大学ウォートン校、英経済新聞「フィナンシャルタイムズ」でMBA世界ランキング1位を5年以上継続）で、MBAを取得し、経営戦略・マーケティングを専攻した。日本で中小企業診断士の資格も取得した。色々な経営戦略論を学び、またコンサルタントとして使い、そして今は経営者として自分の会社のために使っているわけだが、経営戦略の本質は実はこんなに単純なものだったのだ。

私はこのような体系は、MBA在学中にはわからなかった。ここまで理解したあなたは、米国MBAで経営戦略論を専攻していた当時の私よりも、はるかに経営戦略論を理解したことになる。

この時点では、経営戦略論はまとめるとこのくらいになるということだけを押さえておいていただければよい。これらは5つの「理論」と考えるよりも、むしろ「5つの戦略の要素」である。経営戦略の5つのチェックポイントくらいに考えたほうが実戦では使いやすい。

3 5つの戦略要素を統合する

5つの要素の一貫性をとり、全体最適を実現することこそが戦略。
重要なのは、5つのすべての要素を、モレがないように一貫性を確保すること。

5つすべて揃ってはじめて強さを発揮する

経営戦略を学問的厳密性は犠牲にしたことは覚悟の上で、その本質を粗っぽくまとめると、

①戦場型　②独自資源型　③差別化型　④顧客型　⑤メッセージ型

の5つに大括りできるということがわかった。

この5つの要素の英語の頭文字を取り、ひとつにまとめたのが私が開発したツール「戦略BASiCS」（ベーシックスと読んでいただきたい）だ。左ページの図のように、頭文字のまとめではあるが、もちろん戦略の基本（ベーシック）という意味も込めている。この経営戦略ツール、「戦略BASiCS」が本書のベーシックな骨組みになる。

このツールは、世界中の色々なところで議論される経営戦略を数年がかりでまとめ、体系化し、現場での実験・実戦を重ね、実戦で使えるようにしたものである。

戦略BASiCSの5つの要素

Battlefield ： 戦場・競合

Asset ： 独自資源の蓄積

Strength ： 強みを活かした差別化

i

Customer ： 顧客ターゲットの選択

Selling Message ： 伝わるメッセージ

では、経営戦略の５つの要素のうち、何が一番重要か？

私の答えは……「全部」である。残念ながら「これさえやればＯＫ」という、魔法の戦略のようなものは存在しない。あれば倒産する会社などあるはずがない。

実は、今まで説明してきた５つの戦略論というのは、戦略全体から見れば、経営戦略という全体集合を構成する部分集合、５つの戦略要素なのだ。

その点が、各経営戦略論を個別に学んだ場合の最大の盲点となる。

マイケル・ポーター氏の理論を理解しても、それは全体の一部にすぎない。それだけでは売れないということだ。

ひとつの要素、たとえば独自資源を鍛える、売れるメッセージを創るなど、それぞれは重要でも、それ「だけ」では不十分なのだ。5つの要素の一貫性をとり、全体最適を実現することこそが経営戦略なのである。

既存の経営戦略の本は、どれかの要素に偏ることが多かった。しかしそれではダメで、重要なことは、5つのすべての要素を、モレがないように一貫性を確保することだ。顧客・競合・自社のいる場所などを鳥瞰し、全体の一貫性を見ていくようなイメージだ。戦場などの個々の戦略要素をつきつめることも重要だが、さらに重要なのは5要素間のつながりだ。5要素の一貫性こそが、経営戦略のポイントとなる。

だから「戦略BASiCS」というツールを私は使っている。5つの経営戦略要素の統合フレームワークだ。当たり前のチェックリストでもあるのだが、個人の思考のクセもあり、ある部分を考えていると他の部分を忘れがちになる。だから、「5つの戦略要素を俯瞰して考えよう」という意味も含め、このチェックリストが役に立つのだ。

逆にいえば、この5つを徹底的に一貫させていけば、売れる確率は飛躍的に高まる。なぜかといえば、「①戦いやすい戦場で、②独自資源を活かして、③差別化された製品を、④ターゲット顧客に対して、⑤わかりやすいように伝える」ことができるからだ。

これができさえすれば、売れると思われないだろうか？　しかし当たり前のことのようだが、「言うは易く行うは難し」である。物事の本質は実にシンプルなものなのである。

◎「戦略BASiCS」を使って徹底的に考え抜く

あなたの会社では、この戦略BASiCSの5要素を、どの部署の誰がどのように決め、実行を担っているだろうか？　どのような機能をどの部署が果たしているかは会社によって違うだろうが、典型的な例を挙げてみると、以下のようになるだろう。

①戦場

・企画室・社長室などのスタッフ部門、またはコンサルタントなどが、重点投資分野、新規進出分野などを提言する
・財務部・経理部は利益率・キャッシュフローなどから、事業ポートフォリオを分析し、重点投資分野を提言する
・人事部はそれに伴い、人材配置などを行う

②独自資源

・人事部が、重要な独自資源である「人」の育成方法、評価方法などを決める
・研究開発部は、基礎技術などの将来独自技術のタネ（シーズ）となる分野を決める
・財務部・経理部は、開発投資・設備投資などに対する可否の判断をする

③強み・差別化ポイント

・マーケティング部が、製品ごとの「差別化」戦略を決める
・研究開発部は、独自技術など「強み」を使った製品を開発する

④顧客ターゲット

・マーケティング部が市場調査などから、狙うべき顧客ターゲットを決め、その特徴を知る
・営業部は、どの顧客を訪問するか、どの販路で重点的に売るかなどを決める

⑤メッセージ

・マーケティング部が広告代理店・デザイナーなどとCMや製品パッケージなどを作成
・営業部が顧客と話す（セールストーク）、量販店用のPOPを作る

など、これらの5要素は経営戦略であるだけに、全社の色々な部署が絡むことになる。おそらくすべての部署が何らかの形で、5要素のどこかに絡むだろう。つまり、戦略BASiCSは、会社全体に影響を与えるのだ。

そして、ここからわかることが2つある。ひとつは、5要素すべてについて、リーダーシップをとる部署は存在しないということだ。さらに、ひとつずつの戦略要素に、複数の部署が絡むということである。

戦略の5要素と一般的な担当部署

	取締役会 企画室 社長室	財務経理	人事部 労務部	マーケティング 宣伝・販促部	研究 開発部	営業部
戦場	重点投資分野の決定 中長期計画の策定	利益率・CFなどから重点投資分野を推薦	重点分野への人材配置・教育投資	重点分野への人材配置・教育投資	重点分野への研究投資配分	重点分野への人材配置・教育投資
独自資源		投資に対する可否判断	人材育成の方向、評価基準、研修		独自技術への開発投資	独自販路の開拓
差別化				製品の差別化ポイント決定	独自技術の製品化	セールスマニュアルの内容
顧客				市場調査実施、顧客ターゲットの決定	製品で狙うターゲット	訪問する顧客、開発する販路
メッセージ				パッケージ、販促パンフ、広告クリエイティブ	製品デザイン	セールストーク、POP作成

□がついている部署が、一般的に主導的役割を果たす

そうなると、この5要素すべてを一貫させ、各部署に徹底させるのは、機能的組織の各部署のトップにはできない。営業部は営業のことを、開発部は開発のことを考える。すべてを串刺しにするのは、経営者にしかできない仕事なのだ。

経営者の最も重要の仕事は、戦略BASiCSを徹底的に考え抜き、全社各部署に徹底してたたき込み、黙っていても戦略BASiCSに沿って各部署が適切に動く組織・文化・制度などをつくることだ。

これが経営戦略を経営者の手に取り戻すという本書の主張であり、経営者が戦略を考えるということなのである。

4

経営戦略論を顧客視点で捉え直す

「売る」の裏側にあるのが「買う」という行為であり、「買う」という意思決定権は基本的には顧客にある。

「勝ちたい、売りたい」だけの経営戦略では売れない

ここまで、経営戦略論を俯瞰してきた。MBAで学ぶ経営戦略のエッセンスは、大体このようなものだ。さて、ここまでのところで、何か違和感を感じなかっただろうか?

私はMBAで経営戦略とマーケティングを勉強し、知識は一通り身につけた。その後も10年以上にわたり経営戦略を研究、成功・失敗も含めて意気揚々とマーケティングの実戦や、戦略・戦術のコンサルティングに携わってきた。

しかし、どうしても世間でいわれるところの経営戦略に対するある種の違和感がぬぐえなかった。その違和感について、あるとき、天啓が落ちたかのように気づいた。

「従来の経営戦略論は、売り手発想だ!」

という、経営戦略論に対する本質的な疑問である。それはある意味当たり前だ。売り手である会

社が、どのように競合に勝つのか、どうやって利益を上げるかが経営戦略なのだから、売り手のための考え方になって当然である。ボランティアで仕事をしているわけではないので、その目的自体に異を唱えるつもりはない。

しかし、そのような売り手発想の戦略の有効性に疑問を感じたのだ。「勝つ、勝つ、売る、売る」という発想が根本にある経営戦略が、果たして肝心の顧客にとって有効なのだろうか？　「このような経営戦略で顧客に買っていただけるのか？」という疑問である。

これは、別に新しい疑問ではない。セオドア・レビット氏が1960年にハーバード・ビジネス・レビュー誌上で発表した名論文「Marketing Myopia」などによって、すでに指摘されている。しかし、既存の経営戦略は、その問いに答えていないのではないか？

私は、「経営戦略は、顧客視点であるべきだ」と考える。その理由は2つある。ひとつは「顧客の役に立ちたい」という純粋な〝想い〟自体が、ビジネスをしていく上で重要だからだ。建前のように聞こえるかもしれないが、ビジネスは顧客の役に立たなければならない。お金を儲けたいだけでは、自分が続かないし、そのような「想い」のない会社には、社員がついてこない。

そして、もうひとつの理由は、「そうしなければ儲からない」という理由だ。いくら経営戦略と美しくいっても、その本質は稼ぐこと、売ることだ。「勝ちたい、売りたい」だけの経営戦略では、「売れない」のだ。

顧客は、自分にとって価値があるから買うわけであり、企業が売りたいから買うわけではない。当たり前の話だ。しかし、既存の経営戦略にはその視点が弱かった。

たとえば、あなたが家を買うとしよう。「自分が儲けたいから家を売っている」会社と、「顧客のお役に立ちたい」会社の、どちらから買いたいだろうか？　後者の会社だって、顧客の役に立つには優秀な従業員に高い給与を払わなければいけないし、顧客の役に立つために設備投資や開発投資をしなければならないから儲ける必要がある。

しかし、決定的にスタート地点が違う。まったく同じ利益率なら、または仮に若干高かったとしても、「顧客のお役に立ちたい」と思っている会社から買うのではないだろうか？　買い手にとっては単純で当たり前の話が、「売り手」になった途端にわからなくなるのだ。

「顧客の役に立とう」というのは、きれいごとではなく、利益・売上につながる発想なのだ。短期的には、「自分だけ儲かればいい」会社のほうが儲かるかもしれない。しかし、顧客はそのような匂いを敏感にかぎ取る。顧客のクレームにより業績が悪化したような企業の問題は、経営陣・従業員の質や戦略の問題ではなく、そのような「視点」と「想い」の違いなのだと思う。

結果として儲けることは大切だ。何でもすべて顧客のいう通りにせよという顧客原理主義でもない。それは現実的ではない。しかし、そもそもの発想の原点を、顧客に〝も〟置くことは非常に重要なのである。

具体的な経営戦略に入っていく前に、「顧客にとっての価値」から考えていこう。

◎──ビジネスの基本は顧客

ビジネスの根幹は2つある。顧客とお金だ。顧客からお金（売上・利益）をいただき、それを社員・設備などに再投資し、さらに顧客を獲得・維持し、またお金（売上・利益）をいただくという循環がビジネスの根幹だ。企業のほぼすべての活動は、多かれ少なかれこの循環に関わっていることになる。

そして、お金を払うかどうか、「買うかどうか」を決めるのは顧客である以上、「ビジネス目的は顧客の創造」というドラッカー氏の言葉を引用するまでもなく、ビジネスの基本は顧客だ。「カネのほうが大事だ」とおっしゃるかもしれないが、その「お金」が顧客から支払われる以上、やはりビジネスの基本は顧客だ。

どれだけ難しく語ろうが、「経営」の根幹は、「顧客に売ってお金をいただく」ということだ。「ビジネスモデル」などと格好よくいっても、つまりは「売って利益を得る仕組み」のことだ。その本質を見ない経営論には意味がない。経営の本質のひとつは「売る」ということだ。

経営とは、つきつめればカネと顧客。そしてカネは顧客からいただくもの。顧客は、ベネフィット（顧客にとっての価値）を求めて買う。ということは、経営戦略とは、価値・ベネフィットを巡っての競争なのだ。顧客にどれだけ高い価値を提供できるか、そしてそれを利益に換えることができるかということになる。

◎――顧客はモノではなく「価値」を買う

「売る」といっても、顧客が「買う」という決断をしなければ売れない。「売る」の裏側にあるのが「買う」という行為であり、意思決定権は基本的には顧客にある（あなたが売らないという決定もできるが）。経営の本質の「売る」という行為の反対側では、顧客が「買う」という行為が発生している。

顧客が「買う」という決断をするときには、何が起こっているのか？　顧客が、あなたから（または競合から）何かを買うということは、左のチャートのような不等号が成立しているときだ。顧客が何らかのニーズ、欲求・欲望を満たしたいときに、それだけの価値があるものを、対価を払って「買う」わけだ。

「対価」とは、お金に加えて、時間と手間だ。何かを買うときには、お金だけでなく、店に行く、ウェブサイトから注文する、重いものを持って帰るなどの手間が発生する。購入が面倒な場合には、買いたくても買わないということもある。

「価値」というと美しいが、要するに、人間の欲求・欲望だ。「価値」とは、顧客の欲求充足手段なのだ。あなたは、モノやサービスを売っているのだが、顧客は、「欲求充足の手段を買っている」のだ。

自動車を買うのは、移動手段を買っているのだが、さらに「欲求」までつきつめて考えると、

お客様が「買う」ときの不等号

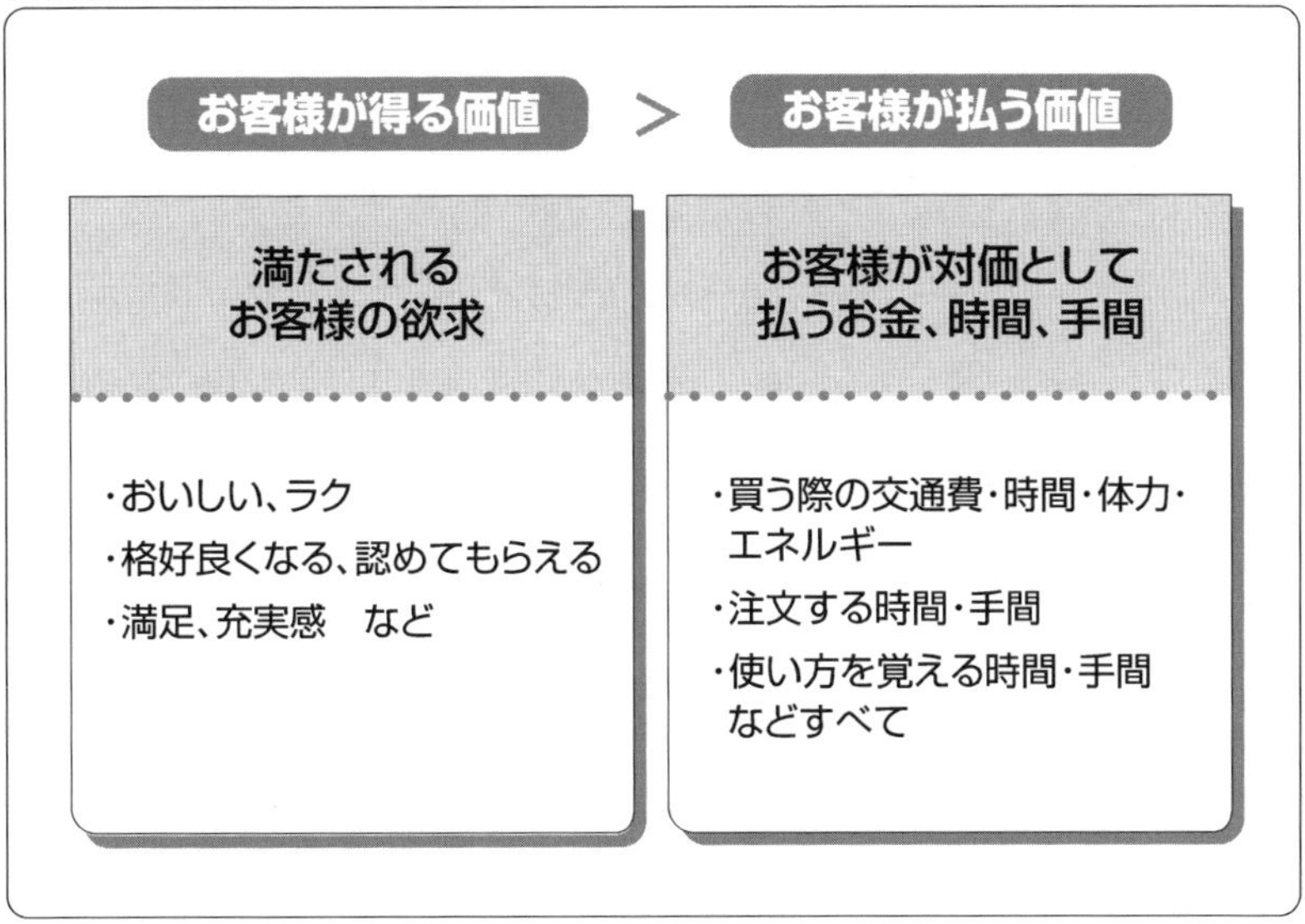

お客様が「自動車」を通して買っているもの

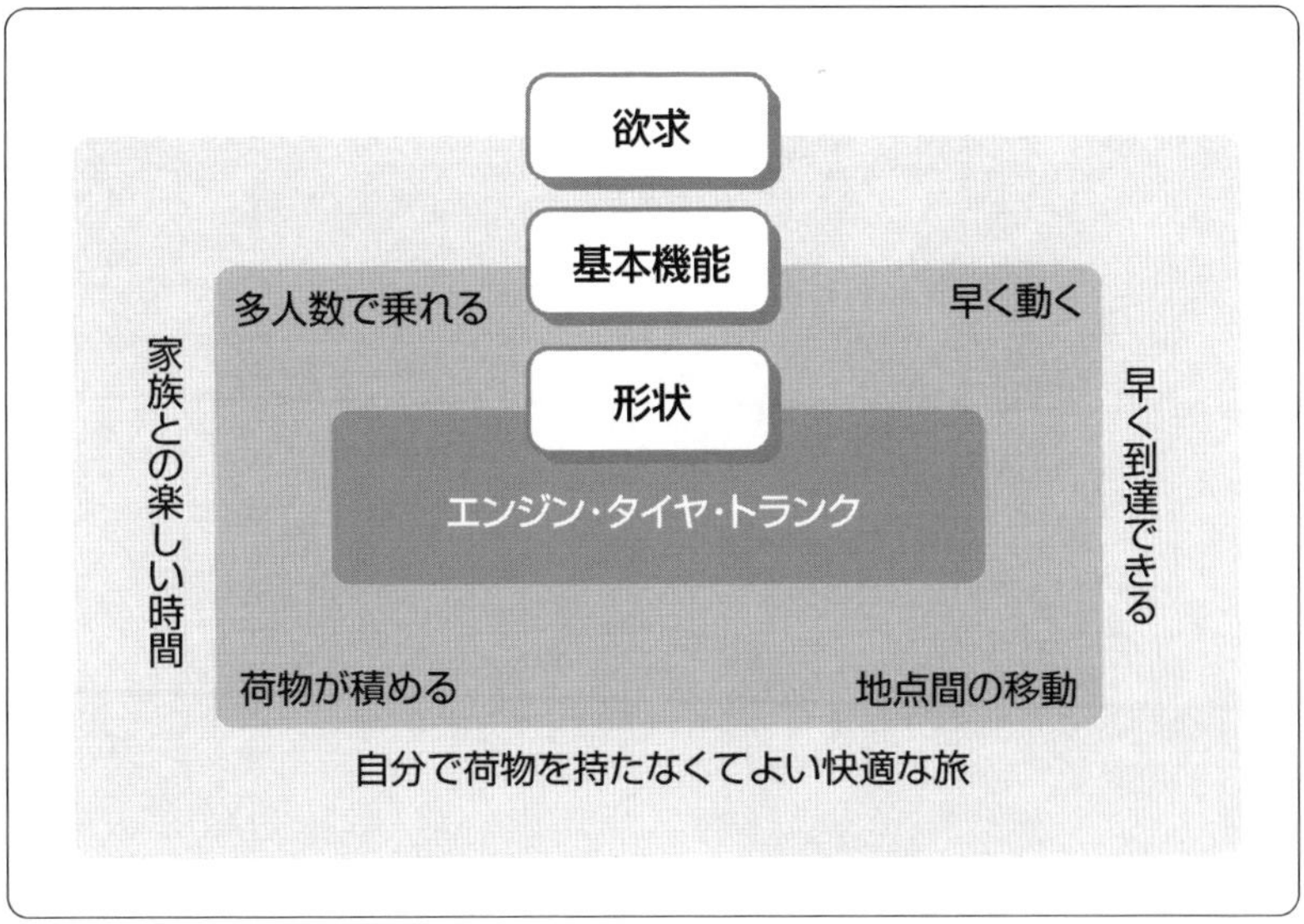

「ラクに移動できる」という身体的な欲求や、「家族との楽しい時間」という社会的な欲求を買っているのだ。何を売っていようと結局あなたは、「顧客の欲求充足の手段」を売っているのだ。

平たくいえば、あなたは「顧客のお役に立つ何か」を売っている。これが一番重要なことだ。しかし、この当たり前の視点に立った経営戦略論をあまり見ないので、経営戦略論をその視点で徹底的に見直していこうというのが本書の主張である。

◎―経営の競争とは「価値を上げる」競争

顧客が欲求充足の手段を買うとき、よりよく欲求を満たしてくれる商品・店舗・会社から買うだろう。つきつめれば、競合に勝つとは、顧客の欲求を競合よりもよりよく満たすということだ。

経営戦略とは、顧客の欲求をよりよく満たすための考え方なのだ。「売る」のも「顧客に買っていただく」のも大変難しいことだが、しかし、その本質は単純なものなのである。

COLUMN

戦略と戦術のつながり

戦略と戦術を人にたとえると、アタマが戦略になる。そして手足が、営業、労務人事、マーケティング、財務経理、開発、生産・工場、総務の各機能別組織ということになろうか。

アタマの向き、胴体と手足の動きが揃って、はじめて力強く、俊敏に動けるのはいうまでもない。しかし、アタマと手足がバラバラに動いている会社も多くある。自由に、創造的に動かしたいのに官僚的な総務部が細かい報告を要求する。活力ある組織にしたいのに人事評価制度が減点法になっている、開発が高品質製品を開発しても、売上を稼ぎたいマーケティングと営業が値引き販売に走るなどなどの例は、枚挙にいとまがない。日経ビジネスの「敗軍の将、兵を語る」の特集にもそのような例が見られる。

戦略と戦術、どちらが重要かという話ではない。戦略と戦術がつながっていることが重要なのだ。たとえば、アタマ（戦略）が右手に「触れ」と命令したことを右手（戦術）が実行し、「熱い！」と感じたら、すぐさま手を離して、戦略を変更しないといけない。戦略と戦術がきっちりつながるのは、まず戦略がはっきりし、それを会社全体が理解し、実行した結果のよしあしを受けて戦略を継続あるいは変更し、と人体が動くように有機的に動いていく必要がある。

京セラのアメーバ経営、セル生産方式などに共通する目的のひとつには、組織を小さくして、戦略と戦術をつなげるようにしているということもあるに違いない。

この章のまとめ

経営者の仕事は未来の姿を、戦略を考えること。

戦略＝普遍的な考え方、戦術＝個別具体的策。

経営戦略論は大別すると５つになる。

①戦場型：戦場・市場を選び、勝てる市場で戦え！

②独自資源型：他社に真似できない資源を蓄積せよ！

③差別化型：強みのある優れた商品・サービスを売れ！

④顧客型：顧客ターゲットの視点を持ち、顧客の気持ちになれ！

⑤メッセージ型：わかりやすい、魅力的な売り方・売り文句を作れ！

戦略ＢＡＳｉＣＳは５つの経営戦略論をカバーする統合フレームワーク。

顧客はモノではなく「価値」を買う。経営戦略は「顧客にとっての価値」を中心に考える。

顧客にとっての価値はベネフィットと呼ばれる。その源は「生存欲求」「社会欲求」「自己欲求」という人間の３大欲求。

STEP 2

Battlefield

戦うべき市場を決める

1 どこで戦うか？

顧客をめぐって競合と競争する場のすべてが戦場となりうる。
そして、戦場によって勝負のポイントがまったく違ってくるのだ。

◎戦場によって戦いやすさが違う

ここから経営戦略統合ツール「戦略ＢＡＳｉＣＳ」を紹介していこう。まずＢＡＳｉＣＳのＢ Battlefield＝戦場だ。戦場とは市場のことで、どの業種で戦うか、どの立地（場所）で戦うかといったことだ。

いうまでもなく、どの市場で戦うかは非常に重要である。左ページの上のグラフは、印刷関連業界の利益率だ。同じ印刷業界でも、業種によって利益率が相当違う。たとえば製本業界を戦場に選ぶと、利益率が7％を超えるシール印刷業界と比べて、不利になりそうなことが予測できる。またウイスキーやスキー板など、市場が縮小傾向にある産業で戦うのも難しい。

その逆の例が、近年の鉄鋼業界だ。安定的な業種だった鉄鋼業界が、ここ数年で急成長を遂げ、儲かる戦場に変貌した。市場は、２０００年までは7億～8億トンと比較的緩やかな増加傾向にあ

戦場を選ぶことの重要性：印刷関連業界の利益率

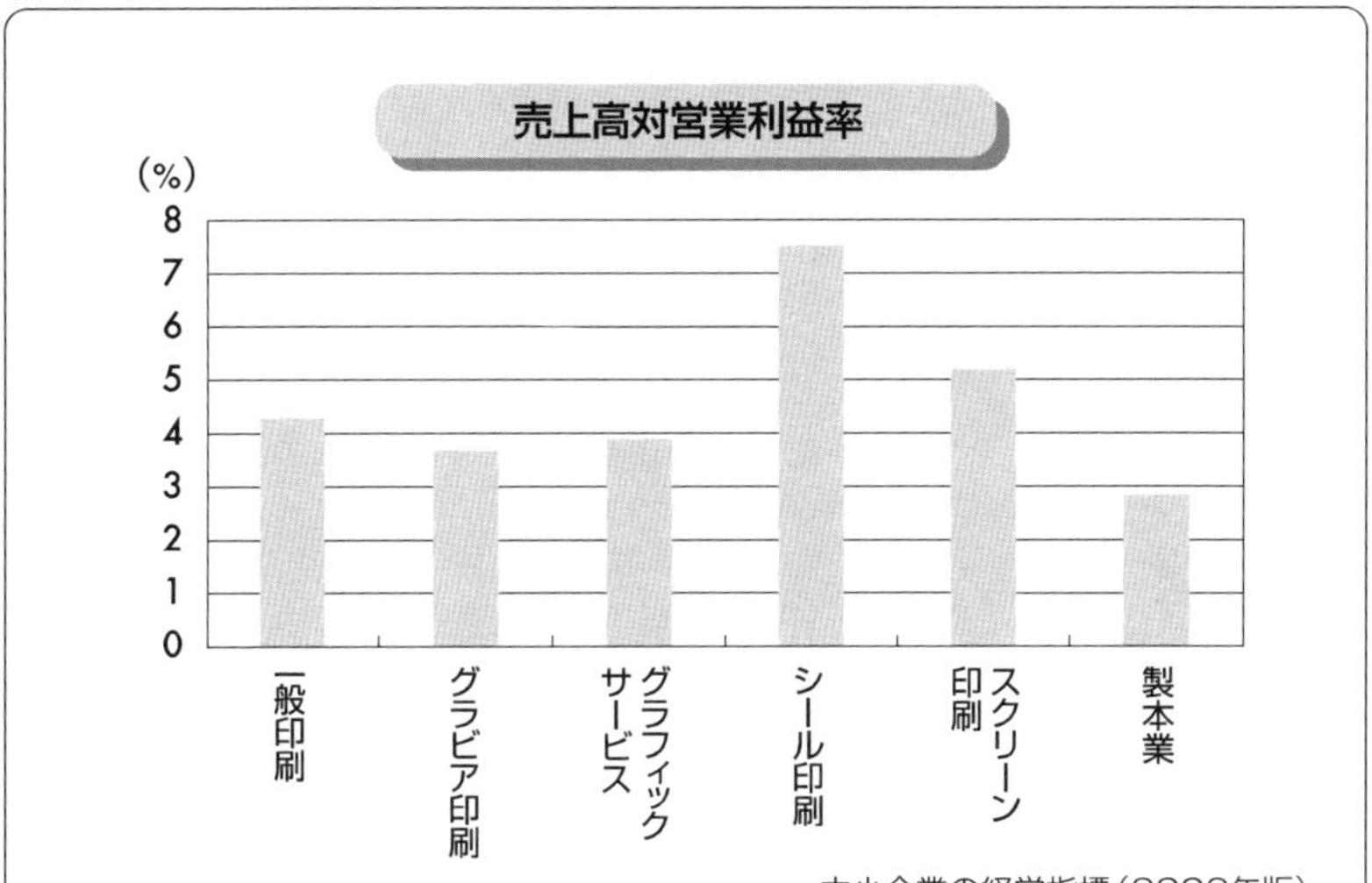

中小企業の経営指標（2002年版）

戦場は変わる：鉄鋼業界の売上と営業利益率

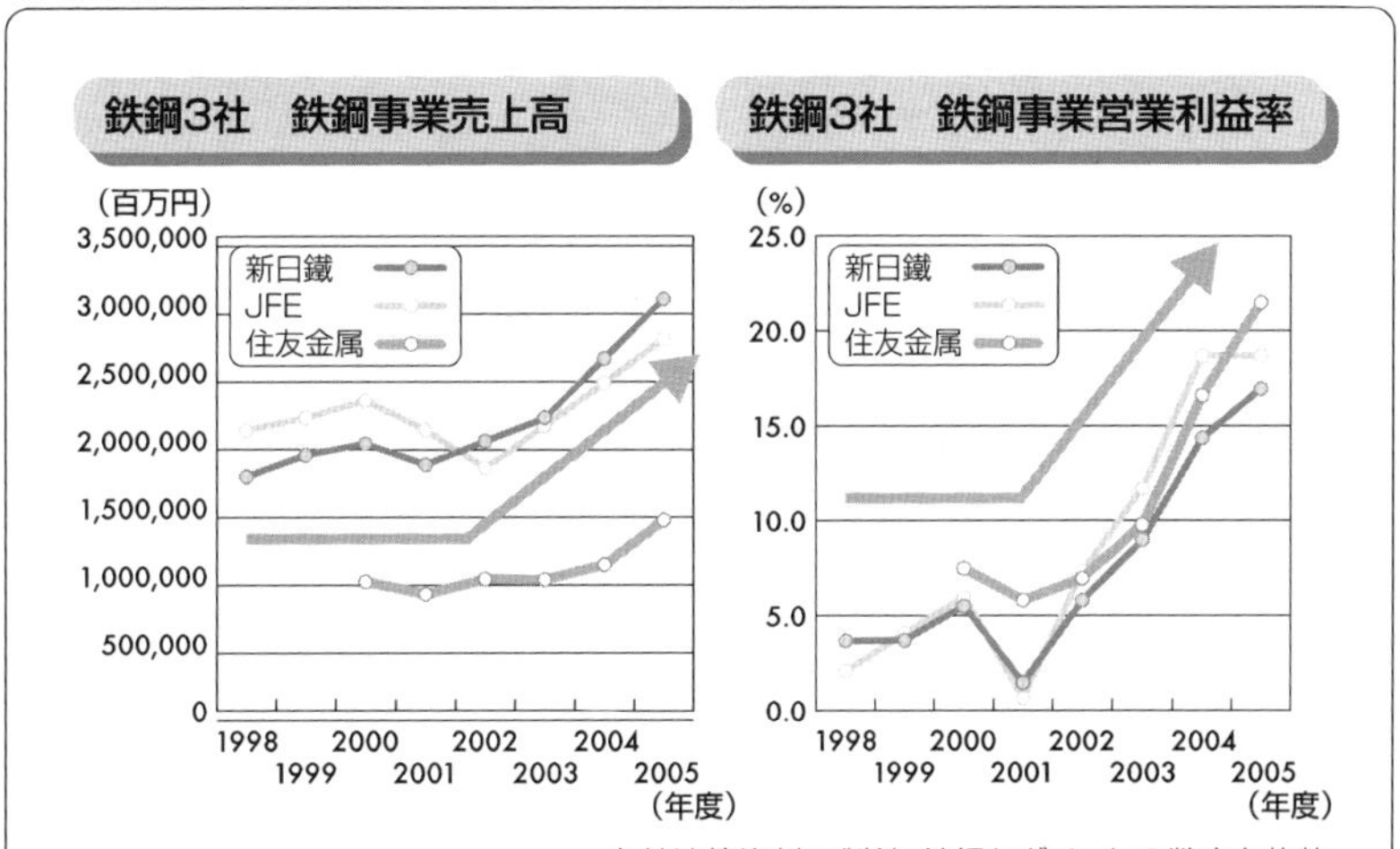

各社決算資料の製鉄・鉄鋼セグメントの数字を抜粋
2001年度以前のJFEの数字は、NKKと川崎製鉄の合計

ったが、02、03年と高い伸びを示し、03年には9・6億トンに達している。中国は01～03年にかけて毎年3000万～5000万トンの規模で消費量を拡大させた。03年の世界の鉄鋼消費量の増加分に占める割合の9割、総消費量の1／4を占めるに至ったという。これで戦場がガラリと変わったのだ。

もちろん逆に、ある戦場が突然衰退することもある。たとえばパソコンの普及により、ワープロは売れなくなった。どこで戦うかという戦場の選び方は、非常に重要なのだ。

ポイントは、戦場によって戦いやすさが違うということだ。どのビジネスを選ぶか、どの戦場で戦うのかは、経営者の重要な決断だ。今から日本で通常のホームページ作成ビジネスをはじめても、勝算は薄いだろう。しかし10年前の日本であれば、そこから始まって成長・上場した会社もある。また日本以外の発展途上の国でも儲かるかもしれない。

戦場の選び方のミスは、売り方などではカバーできない、致命的なミスとなる。競合が弱ければいいが、強ければ戦いにくいのは当たり前だ。今から世界の強豪ひしめくパソコン製造業に打って出て儲けるのはなかなか難しい。デル以外のパソコンメーカーはあまり儲かっていないとも聞く。社員は、戦場を選べない。しかし、経営者は戦場を選べる。戦場を間違えて、構造不況業種で苦しむとあなたも不幸だが、社員はもっと不幸だ。逆に、あなたが戦いやすい戦場を選べば（それがわかったら苦労しないという話はもっともだが）、社員の多少のミスは取り返しがつく。

戦場による戦い方の違い

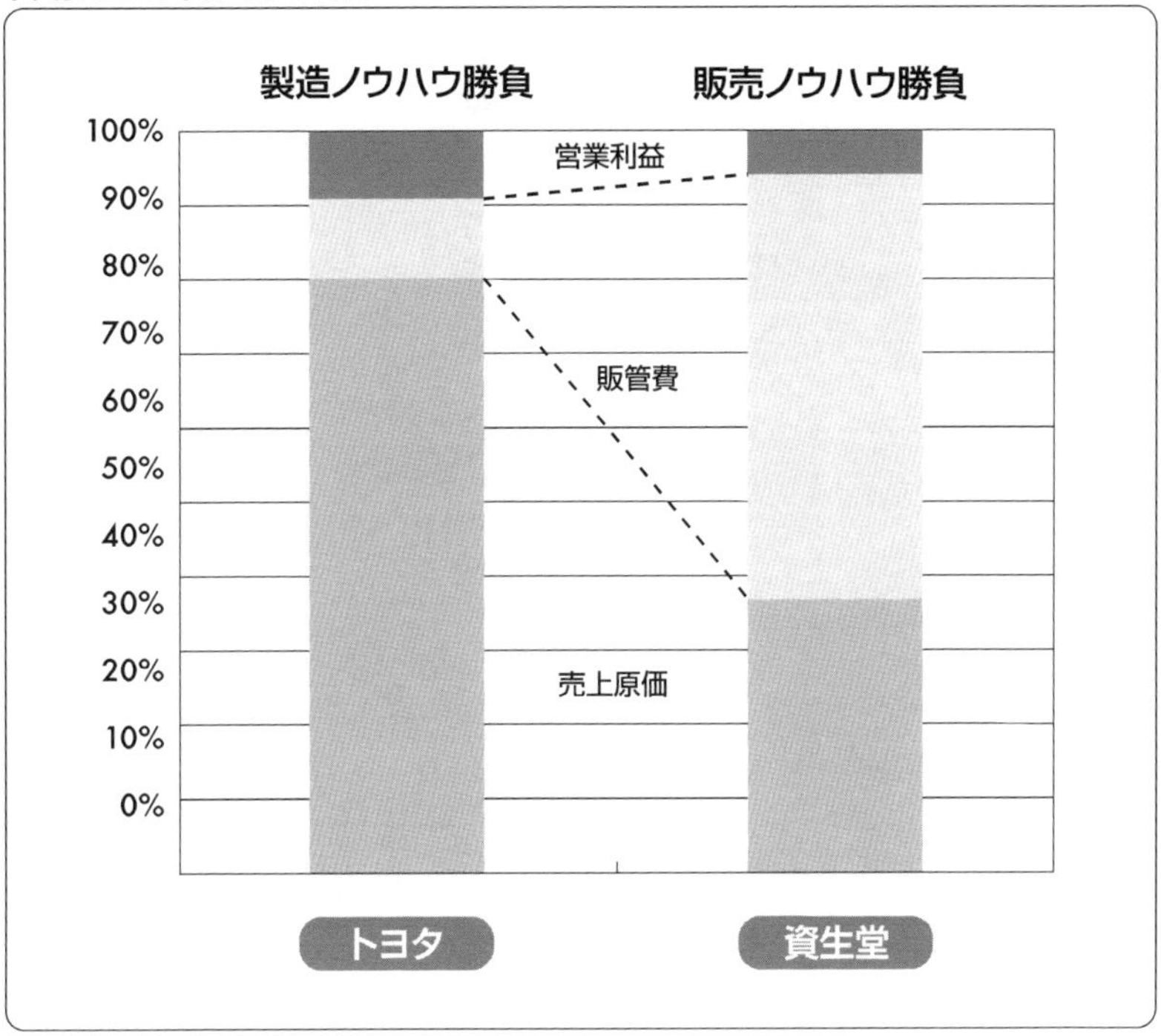

◎──戦場で勝負のポイントは違う

さらに、戦場によって勝負のポイントは違う。上のチャートは、トヨタと資生堂という日本を代表するメーカーの損益構造だ（両社とも2006年3月期）。グラフの100％が全売上高で、それから売上原価と販管費を引くと営業利益になる。売上原価、販管費、営業利益の割合を示したものだ。

単純化していえば、自動車業界では、勝負は「作り方」で決まり、化粧品業界では「売り方」で決まるということを、この損益構造が示している。

戦場によって、勝負のポイントが

まったく違うということだ。だから、ある会社がひとつの戦場では強くても、別の戦場ではまったくダメということもありえるのだ。

またホンダは、日本ではご存じの通り人気大衆車だが、インドでは富裕層に絞ったプレミアムブランドで、メルセデス並みのブランド力を持っているという。インドと日本という違う戦場によって戦い方を変えているわけだ。

◎――直接競合と間接競合という考え方

では、戦場とは具体的にどう考えればいいのか？　実態としてはどこにあるのだろうか？　もちろん戦場とは「戦う場所」だ。誰が戦うかというと、あなたの会社とその競合たちである。つまり、競合の集合体が戦場ということになる。

具体的な「戦場」を考える前に、マクドナルドを例にとり、「直接競合と間接競合」という考え方を説明していこう。マクドナルドのシェアはどれくらいだと思われるだろうか？　マクドナルドの競合は誰だと思われるだろうか？　できれば余白にメモしていただきたい。

①直接競合

いわゆる同業者で、同じ業種・業態に属し、類似した製品・サービスラインを提供する競合を「直接競合」と呼ぶことにする。マクドナルドでいえば、ロッテリアは明らかな直接競合である。モスバーガー、フレッシュネスバーガーは微妙なところだが、同じ製品（ハンバーガー）を同じような業態（ファストフード）で提供しているという意味で、「直接競合」といってよいだろう。

②間接競合

マクドナルドは、いわゆるファストフードである。するとハンバーガーだけではなく、ファストフード業態の牛丼（吉野家、松屋など）、立ち食いソバ（富士そばなど）が競合となる。さらに、マクドナルドはテイクアウトを提供している。すると持ち帰り弁当店（オリジン、ほっかほっか亭）や、コンビニ、スーパーが競合する。さらに休憩・カフェニーズをめぐっては、ドトールやスターバックスなどのカフェチェーンも競合になる。少々遠いところでは、夕食ニーズをめぐって居酒屋と競合するかもしれない。このように、広い意味での競合を「間接競合」と呼ぶことにする。

マイケル・ポーター氏が業界の構造分析をするにあたって、業界に働く「5つの力」（5Ｆｏｒｃｅｓ）という考え方を提唱している。5つとは、供給者、顧客、新規参入の脅威、代替商品・サービス、業界内競合だ。ここでいう直接競合は「業界内競合」に、間接競合は「代替商品・サービス」に該当する。

ここで「ではどこまで競合と考えればいいのか」という疑問が出てくる。間接競合の存在は納得できるだろうが、そこまで考えるとなると、戦略の打ち手としてキリがない。たとえば、お菓子と携帯電話は、財布の出所は一緒なので競合するなどといわれる。しかしそういわれても、お菓子メーカーの携帯電話への対策などはそうない。そこまで考えるとキリがないし意味もない。どこまで競合と捉えるか、現実的な区分けが必要となる。

ひとつの目安は、直接競合戦場の中でのポジションだ。あなたが直接競合の中で圧倒的な一番手であれば、間接競合を考えないといけない。戦場・市場自体を広げる必要があるからだ。極端な話、直接競合戦場でシェア8割なのであれば、直接競合を叩いてもシェアを伸ばす余地がない。マクドナルドもロッテリアに加え、コンビニ、牛丼、カフェチェーンを競合ととらえていると推測される。逆に、直接競合の中でシェア下位グループであったり、群雄割拠の状態であれば、まずは直接競合の中での生き残りを考えるべきだろう。

◎戦場を決める6つの視点

では具体的に「戦場」について見ていこう。一口に戦場といっても、以下のように色々ある。

①業種・業態

まずいわゆる同業者が競合となる。たとえば、印刷会社は他の印刷会社と競合するだろう。広告代理店は、他の広告代理店と競合する。私のようなコンサルタントは、他のコンサルタントと競合する。似ている業種・業態に属する会社と競合することが多い。その場合には、「業種・業態」が戦場となり、その中で競争することになる。

②場所・立地

業種・業態が違っても、場所・立地が近ければ競合することもある。小売業などは典型で、住宅地のコンビニは、隣にスーパーや雑貨店があれば、業態は違うにしても競合することになる。飲食店も同様だ。駅前に立地するイタリア料理店は、隣にある焼き肉店と競合するかもしれない。

③流通

流通をめぐっての競争となることもある。たとえばコンビニの棚というのも戦場だ。コンビニで、あるチョコレート菓子は、隣に置いてあるチョコレート菓子はもちろん、その近くに置いてあるポテトチップと競合するかもしれない。書店の棚も戦場だ。本書は、隣に置いてある経営本と競合する。この場合は、顧客の選択範囲が、「目の前にある棚」だからだ。

家電量販店では、薄型テレビのフロアで、様々なメーカーの薄型ＴＶがところ狭しと競争している。「フロア」が戦場となっているのだ。この場合は、顧客の選択範囲は、「量販店のフロア」という選択範囲になる。

④価格帯

価格帯が近いと競合しやすい。高速通信回線の光ファイバーとＡＤＳＬは、仕組みは違うが競合する。昨今、光ファイバーが普及しつつあるが、ＡＤＳＬとほぼ同じ価格帯で敷設できるようになったことも要因だろう。マクドナルドがカフェと競合する場合、客単価１０００円を超えるといわれるAfternoon Teaではなく、価格帯が近いスターバックスやドトールになる。

客単価５００～６００円前後の外食戦場では、ラーメンの幸楽苑（客単価５５０円前後）や日高屋（客単価６７０円前後）、マクドナルド（客単価６００円前後）、吉野家（客単価４５０円前後）などが競合する。これは、顧客が「今日の昼飯は、６００円くらいで何を食べよう？」という思考をするからだ。

逆に、価格帯が遠い場合は、まず競合しない。マクドナルドに行こうか、３万円のフレンチに行こうかという比較は通常はしない。逆にいえば、同じような価格帯であれば、多少業態が違っても競合になりうる。

⑤財布の内訳・予算

あなたは、恋人や配偶者へのプレゼント、もしくは家族旅行のお金はどこから出すだろうか？普通は「特別予算」が存在する。ボーナスが出たらそれを心の中で（あるいはノートに）分類するだろう。50万円のボーナスを、「生活費」「貯蓄」「ローン返済」「特別予算」などに分類するわけだ。

昼ご飯では１００円を節約するかもしれないが、ディズニーランドに行くと、ちょっとしたものにすぐ１０００円、２０００円と使ってしまう。これはお金の（心の中の）出所が違うからだ。同じ外食予算でも、「昼ご飯費用」ではなく、「恋人との交際費」に分類されれば、そのとたんに予算査定がガラリと変わる。

法人顧客対象でも同じだ。かつて私は、菓子のマーケティングをしていた。口コミ促進用にガムのパッケージを変えたが、その印刷費を、「パッケージ生産費用」から出すと、社内で色々と大変だった。「生産費用」がいきなり跳ね上がってしまうからだ。しかし「販促費用」という予算から出せば、テレビコマーシャルなどと比べて予算額は小さく、社内を説得しやすかった。印刷会社は、「パッケージ生産費」か「販促費」のどちらに分類されるかで、予算査定が大きく異なる。

⑥その他

これ以外にも、色々戦場は考えられる。ＧｏｏｇｌｅやＹａｈｏｏ！などの検索エンジンの検索結果の近いページにある会社同士が競合すると考えれば、検索エンジンの検索結果も戦場である。通常、顧客は検索エンジンの結果は数ページしか見ないので、それをめぐっての競争となる。だから、「検索エンジン最適化」（いわゆるＳＥＯ）などの手法が人気になるのだ。

以上のように、顧客を巡って競合と競争する場のすべてが戦場となりうる。昔であれば、競合といえば、同業者を指しただろう。業種・業界の構造が固定的だったからだ。しかし、今や競合構造が流動化し、つかみにくい時代となった。だからこそ、「戦場」について真剣に考える必要があるのだ。これは経営者にとって極めて重要な仕事のひとつだ。

強みが活きる戦場で戦う

では、どの戦場で戦えばよいか？　戦場を選ぶ基準は大きく２つある。まずは「この戦場で戦いたい」という経営者としての想い、これがひとつめの基準だ。もうひとつは「戦いやすい」儲かる戦場かどうか、具体的には「自分の強みが活きる」戦場かどうかだ。競争が激しくとも自社が強みを活かして利益をあげられればよい。ＳＴＥＰ３で自社の「強み」を分析するが、その「強み」がフルに活きる市場、自社の強みを競合が持っていない戦場を選ぶと勝ちやすい。「戦場」を独立して考えるのではなく、「強み」などの戦略ＢＡＳ・ｉＣＳの要素と一貫させることが重要だ。

2 戦場は顧客のココロの中に存在する

競合とは、顧客がある価値が欲しい、欲求を充足したいというときに、あなたの商品・サービスと一緒にココロに浮かぶすべての選択肢である。

競合は顧客が決める

あなたの競合が誰かというのは、誰が決めるのだろうか？　前項で、戦場には業種、立地、流通などがあると説明した。たしかに自社から見るとそうなる。しかし、顧客にとっては業種はどうでもよい。顧客は、モノではなく価値を、欲求の充足手段を買う。空腹を満たすという生存欲求においては、ハンバーガーも牛丼も業種は違えど同列だ。

A地点からB地点に移動するという価値は、電車でもタクシーでもレンタカーでも満たせる。電車とタクシーは業種は違うが、それは顧客にはどうでもよい。駅前にマクドナルドとラーメン店と回転寿司店があれば、業種は違うが競合する。それは顧客が、「駅前のどこで食べようか？」と考えるからだ。

そう、戦場とは、顧客のココロに浮かんだ選択肢の束なのだ。戦場は顧客のココロの中にある。

飲食店の場合は立地が重要だ。ファストフードも、駅前にあるマクドナルド、吉野家、富士そばは競合するかもしれない。どの店でも「食欲を満たす」という価値を満たせる。

しかし、「結婚記念日にリッチな気分で食事」という価値を求めるなら、電車に10分乗るくらいはあまり意に介さない。すると、競合の組み合わせが変わり、同じ鉄道の沿線のレストラン同士は競合するかもしれない。

戦場・競合の選択は、顧客が行う。スポーツジムであれば、戦場は徒歩・自転車圏内だろう。しかし会社の帰りに英会話教室へ通うとなると、都心の会社の近くか郊外の自宅のそばかという離れた駅間で競合することもありえる。だからこそ、英会話教室の宣伝は、電車の車内広告が多いのだろう。このようになる理由は単純で、顧客がそのように考えるからだ。

既存の経営戦略論には、この視点が薄く、競合は、まるで自分で決められるかのような印象を与える理論が多い。経営戦略は、顧客視点であり、顧客にとっての価値が中心でなければならない。競合についても同じだ。

◎——業種・業態・業界を超えて同じ価値を提供するすべてが競合

だから競合とは、顧客が、「ある価値が欲しい」「欲求を充足したい」というときに、あなたの商品・サービスと一緒に浮かぶすべての選択肢なのだ。本当に競争が起きている場所は、顧客のココロの中だ。それは、あなたが競合であると思っているかどうかは、本質的には関係がない。

実はこの主張は、経営戦略論ではむしろ異端に属する。伝統的な戦略論では、このような考え方はあまりされない。この点が、伝統的な「戦場型戦略論」の決定的な弱点だ。競合が固定的で、業種・業態を超えた競合が少なかった昔はよかったかもしれない。しかし今は違う。昔は、家で手を煩わせずに食事をするというベネフィットに応えるのは、「そば屋の出前」だけだった。現在では、デリバリーのピザ、中華、寿司、それからいわゆる中食（ナカショク）と呼ばれるスーパーの総菜、弁当屋、そしてファミレス、ファストフードなどが入り乱れて競争している。昔と違い、今は競合構造が流動的になったのだ。

これは今、ほとんどすべての業界で起きている。

ＢtoＢ（対法人顧客）市場では、インターネットの出現で、既存の印刷業界や広告業界の競合構造が大きく変化した。印刷会社の競合はもはや印刷会社にとどまらず、ＤＭを打つにあたっては電子メールが競合になり、製品カタログを作るにあたってはＰＤＦファイルが競合になる。だからこそ戦場・競合の正しい認識が重要なのだ。

業種・業態の垣根がない現在、戦場を決める決定権は、もはや売り手側にないということを認識しよう。業種・業態・業界を超え、同じ価値を提供するすべての商品・サービスが競合なのだ。

3

「顧客にとっての価値」が戦場を決める

業種ではなく、「顧客のベネフィットを中心に競合を考える」という本質論に戻らなければならない。

◎──戦場を決める軸は業種・業態ではなく「顧客のベネフィット」

実は、昔から競合は顧客が決めていた。ただ、同じ価値を提供するのは昔は同業者だけだったので、顧客のベネフィットを意識しなくても、〝たまたま〟同業者だけを意識していればよかった。

しかし、今は違う。異業種を含む様々な競合が同じ価値を提供する。だから、業種ではなく、顧客のベネフィットを中心に競合を考えるという本質論に戻らなければならない。

顧客が「戦場」を決める。そして、戦場が決まる基準は、業種・業態などではなく、「顧客にとっての価値」だ。これは本書を貫く主張であり、極めて重要なことなので、もう一度いう。戦場を決める軸は、業種・業態ではなく、「顧客のベネフィット」なのだ。経営戦略とは、顧客にとっての価値という戦場で、それを競合よりもいかによりよく満たすかという戦いなのだ。

もちろん、「この戦場で戦いたい！」という意思は、経営者が決める。しかし、それが受け入れられるかどうかは、あなたではなく、顧客が決めることだ。受け入れられるかどうかは、「あなたが顧客のベネフィットを競合より、よく満たせるか」どうかだ。

先ほどのマクドナルドの例では、あなたがマクドナルドに行く場合にココロに浮かんだ、すべての選択肢が競合になる。競合は「顧客のココロに浮かんだ選択肢のすべて」だからだ。

テイクアウトのランチという価値をめぐっては、コンビニや弁当店と競合する。休日に子供と楽しくブランチという価値をめぐっては、ファミリーレストランと競合する。営業の外回りの最中にちょっと休憩という価値をめぐっては、ドトールやスターバックスと競合する。とにかく安いランチという価値なら、吉野家や立ち食いソバと競合する。

その組み合わせは多いが、トータルでみると、ある程度の組み合わせに収れんされるだろう。それが主要な競合となる。

法人顧客対象のビジネスでも同じだ。たとえば印刷会社の競合は印刷会社だろうか？　もちろんそのような場合もあろう。しかし、

・「売れる広告デザイン」という価値をめぐって広告制作会社やデザイナーと戦う
・「独自の販促ツール」という価値をめぐって広告代理店と戦う
・「印刷用顧客データの取り扱い」という価値をめぐってＩＴサービス会社と戦う

などは、実際に起きている。広告の企画案コンペでは、広告代理店、印刷会社、デザインハウスなどが競合する。個人顧客対象でも法人顧客対象でも、コトの本質はそう変わらないのだ。

競合が誰かは顧客に聞こう

では、マクドナルドの戦場はどのように決めればよいのだろうか？

答えはおわかりだろう。「ハンバーガー戦場」ではなく、

・手早く、安く空腹を満たす
・机で食べるためのテイクアウト
・家族と休日に近くで外食する
・外回りの最中にちょっと一休み

など、顧客にとっての価値が存在する。これらの価値を提供する会社がすべて競合となる。

そして、それを一番よく知っているのは、もちろん顧客だ。だから、競合が誰なのかは顧客に聞けばわかる。どんな価値を求めて買うのか、そしてその際の自社商品以外の選択肢がわかればよいのだ。

自分は「何屋か」を顧客の視点で定義する

顧客にとっての価値という戦場において、どこで戦うか、どのような価値を提供するかということを決めるのが、経営者たるあなたの役割だ。それは市場規模、競合の強さ、あなたの強みなどを

勘案して決めていくことになる。

前にマクドナルドのシェアはどれくらいだと思われるかと尋ねた。あえて漠然とした質問をしたのだが、恐らく数十%という数字が頭に浮かんだのではないだろうか?

ハンバーガー戦場において、マクドナルドはなんと70・1%（『日経市場占有率2007年版』）と圧倒的なシェアを誇る。しかし、マクドナルドは、

・「ちょっと一休み」需要では、ドトール、スタバなどの「カフェ」戦場で。
・「テイクアウトのランチ」需要では、コンビニ、弁当店などの「中食《なかしょく》」戦場で。
・「休日の家族の朝食」需要では、ファミレスなどの「休日の朝食」戦場で。

それぞれ戦っているのだ。

ハンバーガー市場は約6000億円だが、喫茶店、中食、ファミリーレストランなどは、左ページのチャートの通りすべて1兆円を超える市場だ。そうなると、シェア数十%というのは無意味な数字だということがわかる。同業種内での「マーケットシェア」という考えは、今は現実にそぐわない。

そして何より、マクドナルドはどこで戦っていくのか、どの市場から売上を奪うのかによって、やるべきことがまったく異なる。スピードが重要なテイクアウト戦場でコンビニと戦っていくなら、待ち時間をさらに短くするなどが重要だろう。カフェ戦場でスターバックスと戦うなら、コーヒーの味のさらなる改善（最近かなり改善された）や、デザートメニューのさらなる強化（これも最近かなり改善された）などが必要だろう。

顧客の価値を巡る
マクドナルドの戦場

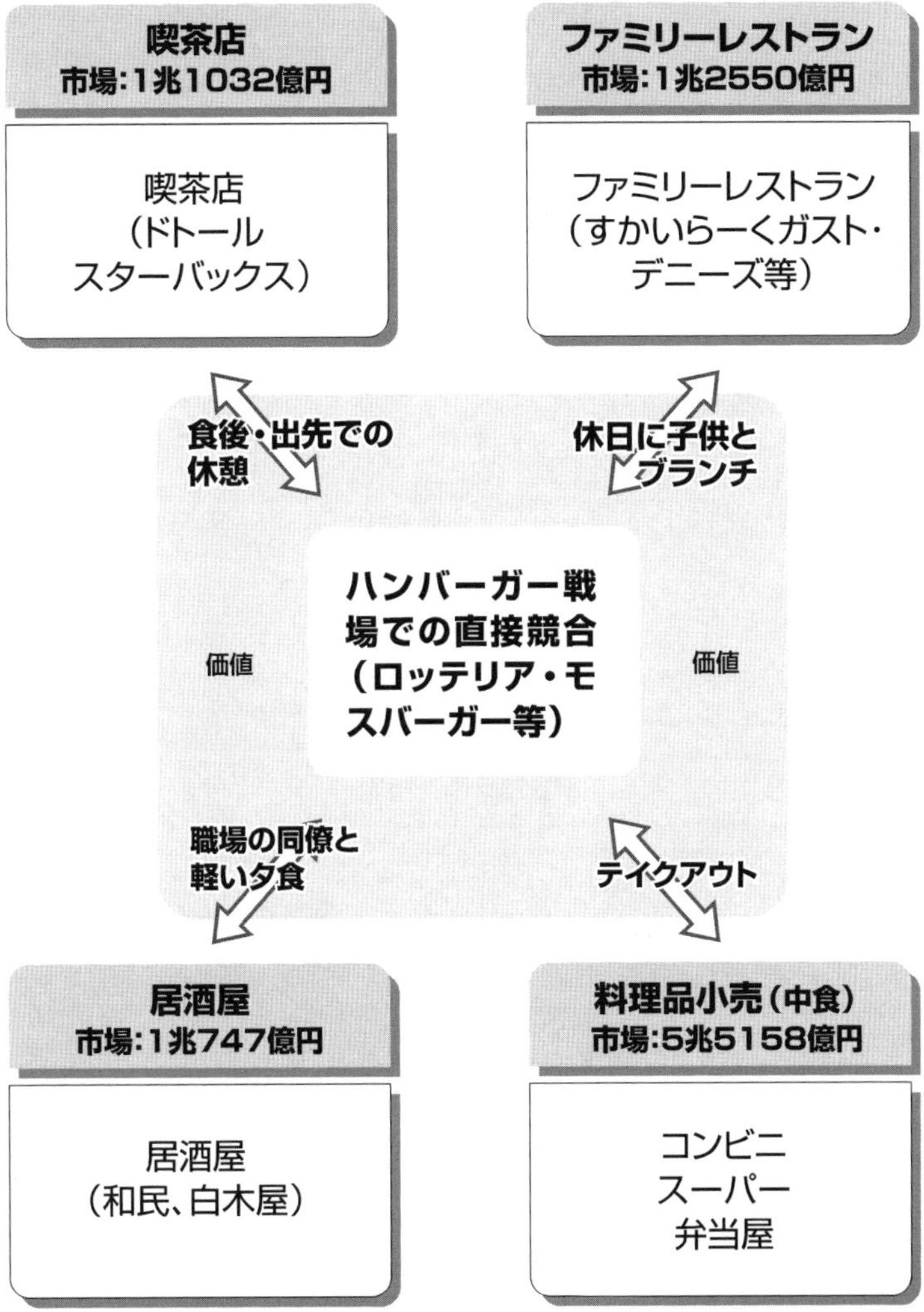

数字はすべて2005年。ハンバーガー、ファミリーレストランの市場規模は『市場占有率2007年版』（日本経済新聞社）、料理品小売、喫茶店、居酒屋は「外食産業総合調査研究センター」。

自分が何屋なのか、「テイクアウト」なのか「休憩用のカフェ」なのかによって、競合が変わり、やるべきことがまったく違う。営業・マーケティングはもちろん、人事戦略、投資分野など、すべてが変わるのだ。戦場を決めるということは、自社はどんな価値を提供するのか、「自分は何屋」かを顧客の視点で定義することなのだ。

印刷業の場合でも、「効果のある販促ツール提案業」なのか、「安い、早い、印刷業」なのか、「顧客データベースを使った顧客コミュニケーション業」なのかで、やるべきことがまったく違う。投資するものが変わるので、資金調達などの財務戦略も影響を受ける。

「自分は何屋か」というのは、競合や戦い方に影響する、極めて戦略的な問いなのだ。それが、自らの事業領域（ビジネスドメイン）を決めることであり、自分は、顧客のどんな価値を満たそうとしているのかというのと、本質的には同じ問いだ。自分の事業領域を決めるのは経営者だが、そこには顧客の価値という視点が必要なのだ。

戦場を選ぶ際には、①どこで戦いたいかという経営者の意思と、②自社の強みが活きるかが基準となることは前に述べた。「どこで戦いたいか」というのは、「どのような価値を顧客に提供したいのか」ということなのだ。

ここまでお気づきの通り、本書ではマクドナルド、スターバックスなど、意識的に私たちに身近な例を使って解説している。経営戦略・競争戦略というのは、このように、難解な理論書のなかではなく、通勤途中の駅前でも起きているようなことなのだ。経営戦略のヒントは、身の回りにたくさん転がっており、あなたも一人の消費者として毎日参加しているのだ。

COLUMN

紳士服業界２００６年夏の陣

紳士服業界は、以前は地域別の棲み分けがなされていた。東北のゼビオ（２００７年現在本社は福島県郡山市）、関東のコナカ、静岡のゴトウ、中京のトリイ、信越のアオキ（現在はＡＯＫＩホールディングス、86年までは本社が長野県長野市に所在）、中国では広島の青山（07年現在本社は広島県福山市）、岡山のはるやま（07年現在本社は岡山県岡山市）、九州のフタタなどが各地の有力紳士服製造小売だった。

80年代から90年代くらいまでは、全国レベルでの競争はなく、各社の地盤が戦場だったといえる。

その後は戦場が変化し、各社とも規模の経済を追い求め、日本全国レベルへと戦場が変わった。洋服の青山は、06年現在47都道府県すべてに「洋服の青山」を出店、売上高２０２７億円と業界1位に。アオキは、ゴトウから04年に、05年にはゼビオから紳士服店を譲り受け、05年10月にはトリイを合併、中京地区のトリイ36店舗がアオキに店名変更、売上高１０６６億円の業界2位になった。売上高５６５億円で業界3位で中国地盤のはるやまも、東北・関東地区に55店、中部・近畿地区に１３５店、中国・四国地区の92店、九州・沖縄地区には64店と全国展開（07年4月末現在、同社ウェブサイトより）、完全に競合状況が変化した。

06年8月には、九州のフタタをめぐって、アオキがＴＯＢを展開。売上高５０４億円で業界4位のコナカは、フタタと資本提携を結んでいることもあり、3位浮上を狙って経営統合をフタタに提案。規模の経済を狙っての戦場拡大競争、陣取りゲームの典型だ。このように、場所・立地が競合となることも多い。

各社の売上高については、05年の数字を使っている（参考資料（紳士服業界）：青山商事、はるやま商事、ゼビオ、ＡＯＫＩホールディングス各社のウェブサイト、毎日新聞２００６年8月9日　朝刊）。

この章のまとめ

戦場は、顧客のベネフィットをめぐって戦う競合の集合体。

競合は、顧客があなたの商品を買うときにココロに浮かんだ選択肢の束。業種・業態とは限らない。

競合を決めるのは顧客であり、戦場は究極的には顧客のココロの中にある。

戦場によって戦いやすさ、戦い方が違う。

競合を知るには、顧客に聞いてみること。

戦場を決めるのは経営者の重要な仕事。

自分は何屋かと問うことは、自分がどの戦場で、どの価値をめぐって戦うかを決めること。

STEP 3

Asset & Strength

独自資源を育て強みを活かす

1 強みを活かして差別化する

戦略の本質は、自社の強みを敵の弱みに当てること。自らの強みを活かして差別化していくことが基本。

◎戦略のカナメは「差別化」

戦略は、一言でいえば「競合に勝つ」ためのものだ。そして、競合より高い価値を顧客に提供し、選んでいただくために必要なのが「差別化」だ。

戦略のカナメは、この「差別化」にある。差別化するとは、もちろん競合と違うことをするわけだが、ただ違うだけでは意味がない。顧客の価値・欲求を、競合より高いレベルで満たすのが差別化だ。差別化が必要な理由は、同じ戦場で同じやり方で戦うと、勝負を決めるのは「規模」になるからだ。同じものなら安いほうが選ばれる。低価格競争に勝つには、規模が大きいほうが有利となる。

左ページのグラフをご覧いただきたい。自動車メーカーの売上高を横軸に、営業利益率を縦軸にとったものだ。営業利益額ではなく〝率〟だ。売上高が大きければ利益額が大きくなるのは当然だ

自動車メーカー：
売上高と営業利益率

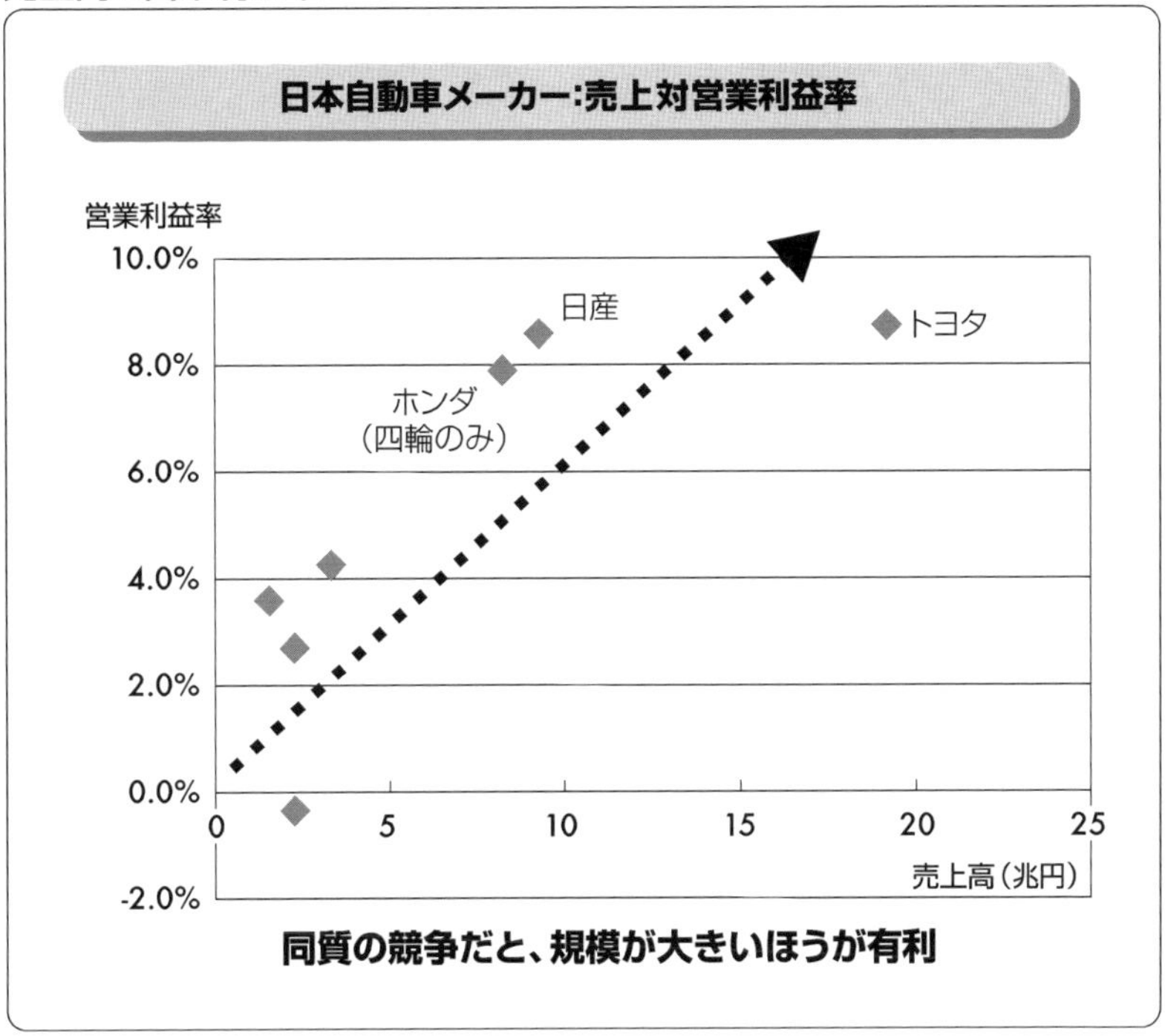

から、比較のためには利益〝額〟ではなく、利益〝率〟を使う。

ご覧いただければわかる通り、規模が大きくなれば、利益〝率〟が高くなる。規模の経済が働き、生産も販売も効率的になるからだ。同じやり方でやっている限り、大きいほうが有利だ。

しかし、たとえばポルシェは、トヨタよりも規模ははるかに小さいが、超高利益率を誇る。会計基準の違いのために一概に比べられないが、同社のアニュアルレポート2005年6月によれば、06年7月期の利益率(Profit from Ordinary Activities／Total Operating Performance) は25・1%という超高収益企業だ。

ポルシェは、デザインなどで他の

車と差別化されているからこそ、利益率が高い、すなわち高い価格でも買ってもらえるということになろう。ポルシェはデザイン力という自社の強みを活かして、スタイリッシュな車を作って差別化しているわけだ。

強みとは差別化できるもの

では戦略ＢＡＳｉＣＳの「Ｓ」＝強み（Ｓｔｒｅｎｇｔｈ）について解説していこう。

戦略の基本は、自らの強みを最大限に活かし、敵の弱みにぶつけることだ。織田信長は桶狭間の戦いで、兵力で圧倒的に勝る今川義元に勝つことができた。その理由のひとつは、今川軍の強みである兵力数が活きる広い場所での総力戦を避け、田楽狭間という文字通り狭い場所で織田軍の強みである地の利・機動力が活きるゲリラ戦に持ち込んだからだといわれる。「自分の強みを相手の弱みに当てる」という戦略の基本を忠実に実行したわけだ。

経営でも、自らの強みを活かして差別化していくことが基本となる。顧客にとって価値が高く、かつ、競合と差別化できるものは「強み」だ。そのため本書では、「強み」と「差別化ポイント」は同義語として使っている。

差別化されているとは、競合には真似ができないということを意味する。そうでなければ差別化とはいわない。２００７年5月現在、ダイソンが「吸引力の変わらないただひとつの掃除機」というキャッチコピーを使って、サイクロン式掃除機をＰＲしている。このキャッチコピーが本当であれば、「ただひとつの掃除機」だから、他社の掃除機にはできないことができるということだ。これが「差別化されている」ということである。

競合がいなければ差別化は不要

まったく競合がいなければ、差別化は不要だ。「戦場」に自分しかいなければ、市場を独占できる。空白市場に進出した場合には、競合がいないということが短期的にはありうる。

07年現在、大学生・若い社会人女性に人気の「モテ服」市場は、オンワード樫山のブランド、プライドグライドの独壇場だ。明るいピンク色を基調に、かわいらしく見える服を、エビちゃん（モデルの蛯原友里さん）らに雑誌で着せて大人気。プライドグライドが気づいたのは、「カッコいい」服は競争が激しいが、「かわいい」服は意外にも競合がいない空白市場だったということだ。03年くらいからその空白市場に本格進出、売上を倍々ゲームで増やしている。

同じような空白市場を狙う戦略を、首都圏でラーメンの日高屋を展開するハイデイ日高が行おうとしている。ラーメン店ではあるのだが、日本酒、紹興酒、つまみなどを充実させ、「ちょっと一杯」市場を狙っている。

ハイデイ日高は、そこが競合がいない「空白市場」だと読んだのだ。実際、昔は必ずといっていいほど、駅前に「仕事帰りにちょっと一杯飲んでいく」ような焼鳥屋、一杯飲み屋があったが、今はほとんどない。そこを狙っているわけだ。

このように、空白市場に進出した当初は競合がいないので、差別化は不要だ。このような戦略をとるのであれば、いかに空白市場を探すかという能力が独自資源となる。

メーカーであれば、他社が真似できないような新技術に基づいた製品を出せば、しばらくは競合がいない。しかし、それが儲かる戦場であるということが知られれば、長期的には必ずといっていいほど競合が参入してくる。そうなると、先発組も後発組も何らかの対応策、棲み分け策をとることになる。短期的には不要でも、長期的には差別化が必要になるのが一般的だ。

◎——強みとは顧客が評価するもの

強みとは、顧客にとって価値があるものだ。差別化されている、つまり他社商品ではなく自社商品を選んでいただけるということは、自分が競合より高い価値を提供しているということである。

たとえばデジカメを選ぶときに、「画素数」を強みとして差別化する場合、「画素数」が顧客にとって重要な購買決定要因である必要がある。顧客が画素数に興味がなければ、あるいは、画素数に興味がない顧客には、強みにならない。

あなたの「強み」は、顧客の「購買決定基準」のひとつに入っていなければならない。どの商品を買うか、どのお店に行くかなどを決めるときの重要な基準のひとつ、できれば最重要な基準のひとつを満たしている必要がある。デジカメの場合であれば、

・画素数の多さ

・ズーム倍率
・価格
・薄さ、小ささ
・記録媒体
などが購買決定基準であろう。

このような購買決定基準は、時間とともに変化する。デジカメを何台も買い替えた私の観察では、初期は「メガピクセル（１００万画素）」などがメインの売り文句だったように、画素数が重要な購買決定基準だった。つまり、「画素が多いデジカメ＝人気のあるデジカメ」だったのだ。

次に、画素数に加えて、ズーム倍率が重要となった。あるメーカーが突如シェアを落としたが、それはズーム機能を搭載していなかったからということもあった。それも一段落すると「薄さ」という形状やデザイン、さらに様々な機能、たとえば「暗いところでも撮れる」「防水」などが購買決定基準に加わった。

このように購買決定基準は変化する。デジカメの場合は技術革新が早いので次々と変わるが、ゆっくり変化していく戦場もあろう。

「強み」を持つこと、「差別化」することの目的は、顧客に他社ではなく自社を選んでいただくことである。だから、自分の「強み」は、あなたがターゲットとする顧客が購買を決める際に重要となるものでなければならない。顧客が評価してくれるもの、「それならばこれを買おう」と思ってくれるものでなければならない。

この場合の「顧客」とは、顧客全員である必要はない。むしろ、全員であってはいけない。あなたが狙う特定の顧客セグメントにとって価値があればいい。

自分の強みは顧客に聞け！

では、あなた個人が持っている独自の強みとは何だろうか？　会社ではなく、個人としての強みだ。ちょっと考えてみてほしい。そして実際に書き出してみよう。

書き出したら仲の良い同僚、友人、家族などに、同じ質問をしてみてほしい。あなたが考えるあなたの強みと、他人が考えるあなたの強みは私の経験上同じにならないことが多い。つまり、自分の強みというのは、自分では気がつかない。なぜかというと、「あなたにとって当然のようにできること」が、他人にとってはうらやましいことだからだ。あなたが自然にできることは、自然にできるだけに、自分では強みとして認識しにくいのだ。

私の例で恐縮だが、僭越《せんえつ》ながら自分の強みは、「トップスクールＭＢＡのマーケティング理論と、豊富な実戦経験」だと思っていた。しかし、複数の人から聞いた私の強みは、「ＭＢＡだから小難しい理論を振り回すかと思いきや、難しいことをわかりやすく噛みくだいて説明してくれること」だった。

つまり、理論の知識は、私の競合となる戦略コンサルタントや経営戦略の本を書く人なら程度の差こそあれ、誰でも持っている。その点ではなく、実戦経験に基づき高度な理論をわかりやすく説明できるというところに私の強みがあったのだ。

強みには自分では気づきにくい。自分の強みというのは、自分では当然のようにできることである。そうでなければ強みではない。強みは、他社、他人との比較で、相対的に決まる。だから自分の強みは、自分にではなく他人に聞くべきなのだ。

よく似た例に、「自分で気づかない独自資源」というものもある。たとえば、山の中で暮らす人には、薪《まき》割りや、その割った薪でカマドで料理をするというのは当たり前のことかもしれない。しかし都会暮らしの人には、そのようなことは非常に新鮮で、お金を払ってもしてみたい体験だったりする。だから「田舎暮らし体験ツアー」のようなビジネスが成立する。

経営においても同じである。あなたの会社では当然のようにできることが、顧客には、そして競合他社にはできないことがある。それがあなたの会社の強みだ。

ある会社で私は、広告代理店的な動き方をしていたことがある。戦略の最後の部分で、顧客接点のコミュニケーション、つまり、DM、HP、新聞広告などの制作までを行っていた。自分で制作するわけではないが、プロデュースを行うわけだ。

私は当然のように、顧客の意見を顧客の意見として尊重し、それが実現できるように最大限努力する。「当たり前だ」と思われるかもしれないが、実はそうでもない。広告代理店の中には、顧客の意見より制作部門のデザイナーの意見のほうが強い会社もある。顧客の意見が通って当然なのだが、デザイナーが「そんなデザインはダメだ」といって抵抗するわけだ。顧客もデザイナーを考えた上での結論だから、「ダメだ」も何もない。それでも、営業担当者が社内のデザイナーを説得できず、「デザイナーいわく、そのデザインはちょっと……」と顧客にいうこともある。私に頼むと、社内の問題は私のところで何とかするので、デザイナーにとってはイヤな存在かもしれないが、顧客にとってはやりやすいそうだ。

これも、私は自然にできるのでとくに意識はしていなかったが、顧客に「佐藤さんとは仕事がしやすい」といわれて、その理由を伺ってみてはじめて気づいたことだ。

だから、顧客に正直に聞いてみるといい。

「なぜ、他社ではなく、弊社と、そして私とお取引いただけるのですか？」と。

この質問は、今日すぐにでも顧客のところに伺って、尋ねてみるべきだ。ここで、自分が思っていたことと違うと、戦略を練るベースがまったく違ってくるからだ。

競合が誰かによって強みが変わる

「強み」「差別化」は、あくまで競合他社との比較においての相対的なものだ。コンサルティングをしていると、自社内での比較で、「この商品は当社の別の商品よりも評価されているから強い」などという意見をよく聞く。しかし、自社商品間での比較は、シェア100％でもない限り、意味がない。

「戦場」に存在する他社商品と比較して「強み」があり、「差別化」されていなければ意味がない。

たとえば「ロッテリアのエビバーガーは、ロッテリアの他のハンバーガーよりおいしいと評価されている」という議論には意味がない。マクドナルド、モスバーガー、フレッシュネスバーガーなどのハンバーガーと比較して、「それらよりもおいしい」と評価されていなければ、差別化されていることにならない。

当たり前のことのように見えるが、コンサルティングをしていると、意外と社内比較しか行っていない会社が多い。たとえば、高級化粧品会社は、自らの差別化ポイント・強みを「高級であること」と定義していることがある。

しかし、高級化粧品戦場で戦っている限り、高級であることは当然であり、差別化ポイントにはまったくならない。なぜなら、比較される対象（競合）がみな「高級」だからだ。事実、高級化粧品会社のCMで訴求しているのは「高級」であることだ。高級であることは必要条件だが、十分条件ではない。

高級化粧品の中で、たとえば「天然由来成分」であるとか、ある特定の年代や肌に合わせているなど、他の「高級」化粧品会社がやっていないことで、かつ顧客に評価されることが「強み」であり「差別化」になる。

同様に、マクドナルドの「スピード」は、対モスバーガーでは強みになっても、吉野家や立ち食いソバに対しては、強みにならない。むしろその逆で、マクドナルドは席でゆっくり食べられる、飲み物やサイドメニューが充実しているなどの、吉野家や立ち食いソバにないものが強みになる。しかし、その「席でゆっくり」「飲み物の充実」などは、スターバックスやタリーズとの比較において、むしろ弱みに転化する。

左ページのチャートをご覧いただきたい。「強み・差別化ポイント」は、相対的であり、競合が誰かによって変わる。前章で分析した、「戦場」によって変わるのだ。だから顧客が自分の競合を誰と考えるかにより、訴えるべき差別化ポイントは変わる。

だから、強みを考えるときは同時に戦場も考えなければならない。戦略ＢＡＳｉＣＳの各要素は連動するのだ。

米国の高級車市場においてレクサスは大成功した。それは最高級の車を提供したからだけではない。高級車市場において、ベンツなどに劣らない品質の車を提供するのは当然だ。ひとつの考え方として、米国レクサスの成功要因は、「性能の割に低価格な高級車を提供した」ことだとも考えられる。

米国レクサスの主要な差別化ポイントのひとつは、実は低価格なのだ。他のトヨタ車のカローラなどと比べれば当然高価格だが、カローラとはそもそも競合しない。競合であるベンツやＢＭＷなどの高級車と比較すると低価格なのだ。

レクサスの強み・差別化ポイントは、米国の戦場においては、低価格であるがゆえに成功したというのが私の仮説である。日本ではその図式が成立しなかったので、苦戦しているのだと考えている。

マクドナルドの戦場・競合・差別化（例）

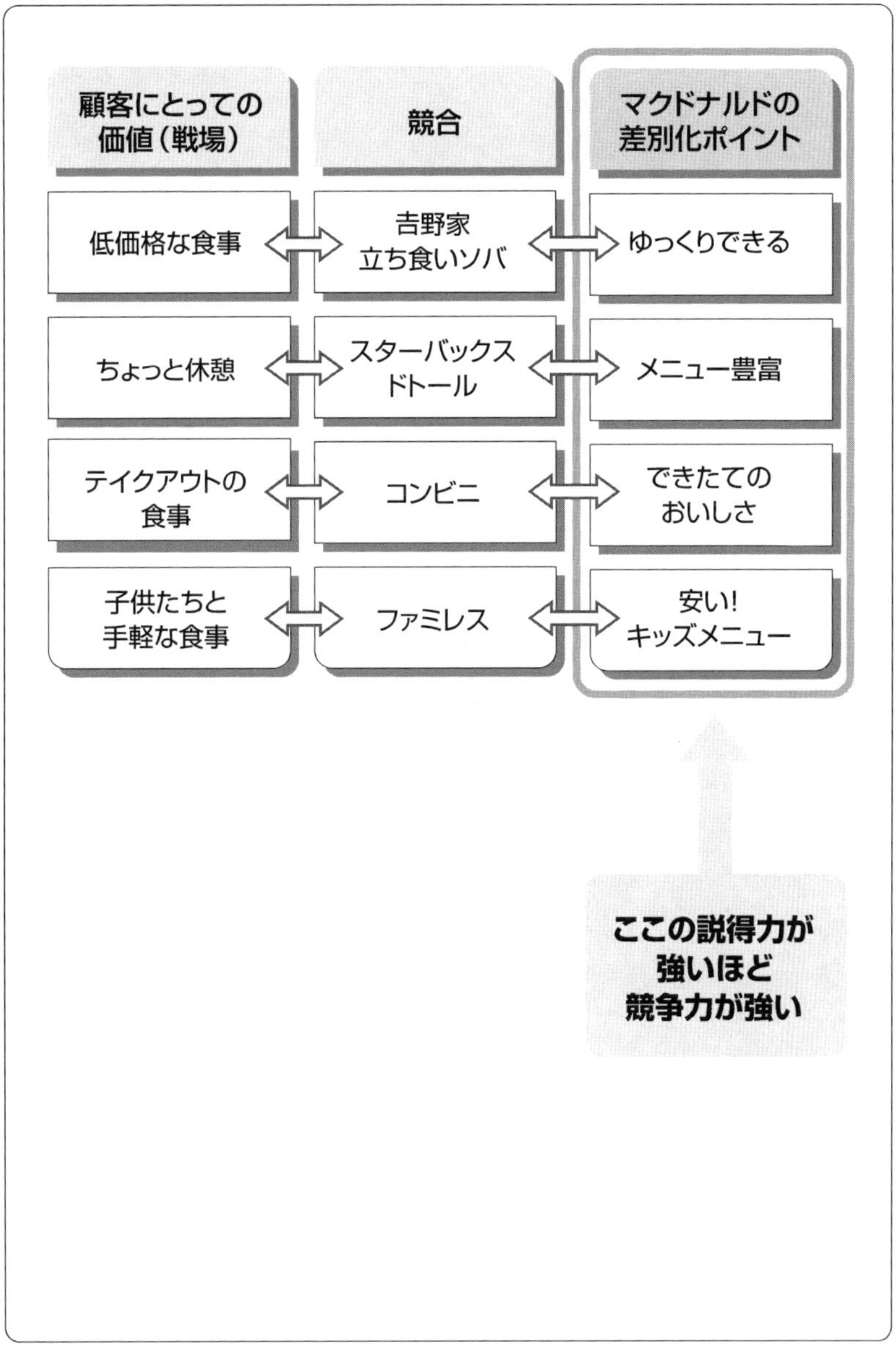
顧客にとっての価値（戦場）
競合
マクドナルドの差別化ポイント
低価格な食事
吉野家
立ち食いソバ
ゆっくりできる
ちょっと休憩
スターバックス
ドトール
メニュー豊富
テイクアウトの食事
コンビニ
できたてのおいしさ
子供たちと手軽な食事
ファミレス
安い!
キッズメニュー
ここの説得力が強いほど競争力が強い

2 強みと独自資源を分けて考える

長期的な生き残りを可能にするのが、「独自資源」という考え方だ。「長期的な競合優位」がなければ、競合に真似されて短命な花火で終わってしまう。

短期的な強みと長期的な独自資源

戦略BASiCSの「S」、強み（Strength）の次に、「A」独自資源（Asset）について考えていこう。

強みとは、顧客が見たり感じたりさわったりできて、価値を認めるものである。それに対して、独自資源とは、顧客の目に直接触れないが、強みを長期的に可能にするものである。「低価格」が強みなら、価格表は顧客の目に触れる。低価格を可能にする「調達体制」は顧客の目には触れない独自資源だ。しかし調達体制という独自資源なくして、強みである「低価格」は維持できない。

強みが「優秀な営業パーソン」であれば、営業パーソンは顧客の目に触れるが、それを支える独自資源である営業パーソンの「採用・育成システム」は顧客の目に触れない。しかし、採用・育成システムという独自資源なくしては、優秀な営業パーソンという「強み」は生まれない。

強みと独自資源をあえて分ける理由は、強みの検証だけでは戦略を考える際に不十分だからだ。強みさえあれば長期的に勝てるとは限らない。短期的な差別化はある意味、簡単である。短期的に強みを持ち、差別化された製品・サービスを提供してヒットさせたことのある会社は多い。

しかし、長期的に競合優位を保ち、勝ち続けることは非常に難しい。長期的な生き残り、勝利を可能にするのが、「独自資源」という考え方だ。いわゆる「長期的な競合優位」（Sustainable Competitive Advantage）がなければ、短命な花火で終わってしまう。

だから、短期的に価値・勝ちをもたらす差別化ポイント・強みと、それを長期的に支える独自資源とは、分けて考える必要がある。戦略のフレームワークに３Ｃ（自社、競合、顧客）という考え方があるが、「自社の強み」と一括りにせず、強み・差別化ポイント（Strength）と独自資源（Asset）を分けて検討しなければ、戦略の検討要素として不十分なのだ。

マクドナルドの強みのひとつは、その圧倒的な価格競争力だ。２０００年当時、マクドナルドは激しい価格競争を仕掛けていた。覚えている読者もいらっしゃるだろうが、平日半額キャンペーンで、ハンバーガーを65円で販売していた。ロッテリアは、数カ月後にそれに追随、平日半額でハンバーガーを同じく65円にした。

短期的には、ロッテリアも値下げすることはできる。価格表を作り替えるのは簡単だ。しかし、マクドナルドとロッテリアでは、国内だけでみても圧倒的に規模が違う。マクドナルドほどの低コスト調達力をロッテリアが持っていないとすると、ロッテリアがマクドナルドに長期的に、価格で戦うのは難しい。07年現在、ロッテリアは商品力でマクドナルドと差別化しようとしているように見える。これは独自資源という観点からは自然な動きだ。

では、どのように強みと独自資源を分けるかというと、たとえば左ページのチャートのようになる。ソニーは数々の画期的な商品を生み出してきた。トリニトロンテレビ、ウォークマン、薄型ノートＰＣの先駆者ＶＡＩＯ、プレイステーション、最近ではハイビジョンデジタルビデオカメラなどだ。

独自資源に基づかない差別化はすぐ真似される

ソニーの個々の製品を真似る、あるいは短期的にソニー以上に優れた製品を作ることは可能かもしれない。事実、ウォークマンにしても、薄型ＰＣにしても、その後各社が追随した。しかし、ソニーのように優れた製品を生み出し続けることはなかなかできないだろう。だとすると、ソニーは、他社には真似できない独自資源を持っていることになる。そして、その独自資源が、差別化された製品として、目に見えるものとして具現化されている。「独自」な資源に基づいている製品だから、当然「独自」な製品として「差別化」されているのだ。

リッツ・カールトンの温かみにあふれた優れた顧客サービスを短期的に提供することは、他のホテルにも可能だろう。スタッフをリッツ・カールトンから引っ張ってくればいい。しかし、顧客志向の考え方を全社員に長期的に根付かせるのは難しい。社員教育・文化などの他社には真似できない独自資源が、優れたサービスを提供するホテルスタッフとして、リッツ・カールトンの差別化ポ

独自資源と強み（Asset）と強み（Strength）の例

独自資源	強み・差別化ポイント
他社が真似できない資源	実際に顧客の目に触れ、顧客が価値を感じるもの
開発力・ノウハウ ソニーの開発スタッフ	差別化された製品・サービス ウォークマン、薄型ノートPC
独自の文化・教育システム リッツ・カールトンの文化・教育	従業員のサービス力 温かみのある顧客対応
供給元の独占 JRの駅の立地	差別化された製品・サービス 駅ナカ店舗の利便性
膨大な購買量・生産ノウハウ マクドナルドの大量調達網	低価格提供力 安価なバーガー
独自の経験 営業パーソンの幅広い経験	独自のアドバイス力 経験に基づく実践的アドバイス

イントになっている。

他社には真似できない独自資源を活用して、差別化された製品・サービスを提供していけば、長期的に差別化し続けられる。

独自資源は、定義上「独自」だが、差別化ポイントが「独自」資源に基づいていれば、独自な差別化、すなわち他社には容易に真似できないか、長期的には維持できない差別化が可能になる。

逆に、独自資源に基づかない差別化は、簡単に真似される。短期的な売上向上策ならいいが、長期的な差別化は難しい。

このチェックのために、戦略BASiCSでは強み・差別化ポイントと、独自資源を分けて考えているのだ。

3 顧客の3つの価値基準に強みをすり合わせる

顧客の価値の組み合わせパターンは、「手軽軸」「商品軸」「密着軸」の3つ。

◎顧客の欲求を充足させる手段を売っている

顧客は、あなたの商品・サービスではなく、顧客の欲しい価値、欲求を充足する手段を買っている。だからあなたは、顧客の欲求を充足させる手段を売っている。だから差別化するとは、あなたの強みを使って競合よりも良い欲求充足手段を提供することだ。

ではここで、あなたが最近行った美容院・理髪店を選んだ理由を考えていただきたい。実際に余白に書き出してみよう。

私が周りに聞いた結果、以下のような答えが返ってくることが多かった。

・カットがうまい
・パーマの腕がいい
・最新の技術、トレンドを知っているから

・近くて便利なところにある
・いつも行ってるから
・自分の好みを知っているから話が早い
・早くて安いから
・顔なじみだから
これをまとめると、3つのパターンに集約できる。

①手軽軸▼早い、安い、便利
・近くて便利なところにある
・早くて安いから

②商品軸▼最高・最新の商品・サービスの品質
・カットがうまい
・パーマの腕がいい
・最新の技術、トレンドを知っているから

③密着軸▼自分をよく知り、自分だけのニーズに応えてくれる
・いつも行ってるから

・自分の好みを知っているから話が早い
・顔なじみだから

この3つのパターンは業種業態にかかわらず、ある程度の普遍性がある。たとえば、私たちが何かを買うときに、買う物を選ぶ基準は（購買決定基準）様々だが、その組み合わせは大体決まっている。多くの場合、この3つの組み合わせになることが多い。これが顧客の欲求充足手段のパターン「顧客にとって大事なことの組み合わせ」である。

だから売り手も、この3つの価値基準の一部、または全部を満たしていれば、顧客に選んでいただけるということになる。

美容院・理髪店の場合は、

①手軽軸：早くて、安くて、便利な10分1000円の理髪店（QBハウスなど）
②商品軸：ファッショナブルなカットをしてくれる繁華街のカリスマ美容師
③密着軸：自分の顔と名前が一致して「いつも通りね」といっておしゃべりできる地元の美容院

と、業態・店のタイプがそれぞれ対応する。

あなたが外食に行く際に重要な購買決定基準も同様ではないだろうか。

①安く手っ取り早くおなかを満たしたいのでファストフードに行く
②高くてもいいからおいしいものを食べたいので、高級レストランに行く
③店主や女将との会話を楽しむ、好みを知っている板前がいる寿司店に行く

お客様の3つの価値基準の例

	手軽軸	商品軸	密着軸
美容院	10分1000円	カリスマ美容師	いつもの店
価値基準	近く(駅の中)にあって便利、早くて安い	腕がいい、最新の流行・ファッションを取り入れている、友達に自慢できる	顔なじみになっているいつものところ、自分の好みをよく知ってくれている
外食	早く安く	高くておいしい	いつもの店
価値基準	駅の近くにあるファストフード	おしゃれな場所にある高級フレンチ	自分の好みを知っており、会話が楽しめる寿司店

この3つの組み合わせは重なる部分もあるが、相互に独立した3つの「軸」だ。

通常は、それぞれの軸によって顧客セグメントが異なる。手軽軸で決める場合には、品質がそこそこでさえあれば、スピード・価格が優先する。繁華街のカリスマ美容師に切ってもらう場合には、数週間待つとしても予約を取り、若干高くても、遠くても行く。地元の美容院で切ってもらう場合は、最先端のトレンドよりは、自分の思い通りに切ってもらえるように頼めることが重要になる。

普遍化するとこの3つの価値基準は、次のようになる。

①手軽軸▼早い、安い、便利

手軽に何かをしたい場合。手軽なので、時間もお金もかけたくない。

②商品軸▼最高・最新の商品・サービスの品質

最高の素材を使った高品質のものや、最新の技術を使った製品のような、良いモノ・サービスが欲しい場合である。良いものが欲しいので、お金がかかることは覚悟している。また並んだり、予約しないと手に入らない場合も多く、すぐ手に入らないことも覚悟している。

③密着軸▼自分を知り、自分だけのニーズに応えてくれる

自分の顔・名前・好みがわかり、自分向けのサービスをしてくれ、わがままを聞いてほしい場合。通常は、そこに心のふれあい、会話の楽しみなどの価値も附随する。多少の価格の高さやスピードの遅さ・待ち時間は我慢するが、お仕着せのサービスは期待にそぐわない。

この3つの軸は、私の経験上、ほぼすべての業種・業態で当てはまる。

たとえば、印刷会社を選ぶ法人顧客にも、やはり同じパターンの価値基準が存在する。

①手軽軸▼早い、安い、便利

チラシ用に、A4ペラ3万枚など、そんなに難しくない印刷物をとにかく早く安く欲しいとき。

お客様の3つの価値基準

	手軽軸	商品軸	密着軸
重要な価値	そこそこのモノを気軽に安くラクに	とにかく良いもの、新しい商品	自分のこだわりに合わせたい
費用	安いほうがいい	糸目をつけない	あまりこだわらない
スピード	とにかく早く	待ってでも手に入れる	早いほうがいいが多少は待てる
入手の利便性	とにかく便利に、届けてほしい	遠くでも行く	便利にこしたことはない
製品	そこそこでよく、そんなに期待しない	先端的または高品質・高い信頼性	自分向けに個別化、カスタマイズ
サービス	スピーディに、余計なサービス不要	最高のサービス	わがままをかなえる
ブランドイメージ	信頼、安定性	高級感	親しみ

時間がないときには、品質がそこそこでさえあれば、とにかく急ぐ。

②商品軸▼最高・最新の商品・サービス

顧客に何か面白い、ユニークなアイディアを提案したいとき。まだほとんど使われていないユニークな印刷物、印刷技術、特許商品などを使いたいとき。ある程度時間とお金がかかるのはしょうがない。

③密着軸▼自分を知り、自分だけのニーズに応えてくれる

コーポレートカラーや、自社の印刷基準などが厳しい場合、多少のお金がかかってもいいから、自社向け（または自社の顧客向け）の特別仕様の印刷や特別チームの編成をお願いする場合。または顧客にどうしても満たしたい特殊なニーズがある場合。

私はITシステム導入の企画などもお引き受けすることがあるが、そのときも、ニーズはこの3つの勝ちパターンに分類される。

①とにかく安くしたいので、できあいのパッケージシステムをほぼそのまま使う
②最新の技術・製品を使う
③自社向けに徹底的にカスタマイズする

ということだ。

この3つは個人顧客、法人顧客によらず、どの業種でも起こりえる3つの価値の組み合わせなのである。

4

顧客の価値に合わせた3つの差別化戦略

3つの差別化戦略は、①手軽軸での差別化　②商品軸での差別化　③密着軸での差別化となる。

◎──手軽軸、商品軸、密着軸

競争戦略のカナメは、「競合に勝つ」ことだ。競合よりも高い価値を顧客に提供し、顧客に競合ではなく、あなたを選んでもらうということが、競争に勝つということである。

顧客にとっての価値が、前項で述べた3つの組み合わせだから、差別化戦略もそれに従い3通りになる。

美容院を選ぶにあたって、重視する価値の組み合わせは3つだった。だから、美容院が自らの差別化戦略を決める組み合わせもこの3つということになる。経営戦略は顧客のココロの中と一致する必要があるからだ。

3つの差別化戦略は、①手軽軸での差別化　②商品軸での差別化　③密着軸での差別化となる。詳細は後述するが、まずは全体像をつかんでいただこう。89ページのチャートをご覧いただきたい。

①手軽軸での差別化

これは無難な品質のものが便利に簡単に安く、つまりお手軽に買えるということで差別化するモデルだ。低価格なので、必然、薄利多売となり、低コスト大量生産、大量販売を志向する。そのため大量生産設備に投資するための固定費が上がり、ますます量を志向することになる。

大量生産・販売のため、作りやすく、売りやすい標準品を作る。数多く売る必要もあり、とくにこだわりもなく、そこそこのものを安く買いたいという一般大衆顧客がターゲットになる。

焼き肉店でいえば、牛角などのチェーン店がこの手軽軸だ。大量仕入れで低価格を実現、多くの顧客に「手軽」に、最高級とはいかずも十分においしい焼き肉を提供する。オーディオ製品でいえば、ミニコンポがこれにあたる。数万円で全部そろって、そこそこ良い音が出るものを普通の人に売る。

このビジネスモデルの特徴は、大きい設備投資、固定費、徹底した効率化による低コスト化、そして「規模の経済」を実現する大量販売である。薄利多売で投資が大きいため、チェーン化、多店舗展開を志向することが多い。マーケティングは、低い単価で固定費をカバーするために、客数を追い、販売数量を求めるマスマーケティングを志向する。

手軽軸の典型、アマゾンの投資は、ウェブサイトと倉庫であろう。とくにウェブサイトは、本以外の商品にも使い回しがきくため、洋書・ＤＶＤ・ＣＤはもちろん、家電・キッチン用品、食品などにまで広がっている。

3つの差別化戦略の「軸」

	手軽軸	商品軸	密着軸
主要な戦略	低価格の普及商品を便利に提供	革新的な商品を次々に投入	顧客の好みに合わせた製品・コミュニケーション
利益構造	低い利益率を販売量でカバー	開発負担を高価格でカバー	高い原価を高価格でカバー
顧客	一般の人々	革新層	こだわり層
投資	インフラ設備投資	開発投資	顧客対応力・商品の個別化
商品	最大公約数的で無難な商品	最高品質のまたは最先端の商品	個別化された商品
従業員	効率・手際のよさ	創造的	愛想・気配り
顧客への態度	てきぱき	提案して導く	寄り添い気を配る

②商品軸での差別化

これは、徹底的に高品質または最新技術を投入した優れた商品・サービスにより差別化するモデルだ。技術開発、高級志向となり、そのための設備投資、技術開発などにお金がかかる。

必然的に価格が上がり、良いモノにはお金を払ってもよいという顧客をターゲットにする。

品質志向・技術志向の顧客は、どのようなカテゴリーでも通常存在する。

焼き肉屋でいえば、牛一頭から数百グラムしか取れないような超高級な肉、最高級な和牛肉などを、ガスではなく炭火焼で提供するなどのセレブ御用達のこだわりの焼き肉店がこれにあたる。オーディオ製品でいえば、最新技術を惜しみなく投入した、サラウンドアンプと7・1chのスピーカー、大型プラズマテレビを最先端層に売るということになる。

小売でいえば、イオンは商品軸で差別化しようとしていると考えられる。スーパー各社は、メーカー製のナショナルブランド品を売る場合は、同じ商品を売るので商品軸での差別化は困難だ。そこで、各社とも自社の独自取扱となるプライベートブランドに力を入れている。鉄道系スーパーのプライベートブランドが低価格に向かう傾向があるのに対して、イオンはトップバリュ グリーンアイというプライベートブランドで人工着色料、人工保存料を使わない、農薬・化学肥料を極力抑えた野菜や、肉骨粉・成長ホルモンなどを使わないタスマニアビーフなど、独自商品で差別化している。

③密着軸での差別化

これは、徹底的に顧客の声を聞いて、それをできるだけ実現させるということで差別化するモデルだ。ユーザーの声を開発に活かしたり、あるいはユーザーが自ら改造したりいじったりして自分のこだわりを実現できるような製品を、マニアなこだわり層や常連客に売る。

顧客の声を反映する分、価格は高くなるが、こだわる層はそれにお金を払う。焼き肉店でいえば、住宅街に立地し、常連客の顔はもちろん好みなどを記憶し、従業員と客が会話を楽しむような店が密着軸の店だ。オーディオ製品でいえば、顧客の声を聞いて改善しつつ、顧客が出したい音を出す

3つの差別化軸の例

	手軽軸	商品軸	密着軸
洋品店	安い製品を大量に売るチェーン	最新のファッションを早く並べる店	毎月手書きの手紙を送ってくる店
経営コンサルタント	パッケージ化されたノウハウを安価で	最新の経営セオリーなどを研究・提供	顧客の状況に合わせた提案
広告代理店	顧客の希望に正確に素早く応じる	業界初の新しい、独自な企画を提案	顧客の内情・好みに合わせた提案
卸売	スピーディに届ける配送サービス	自ら商品を開発できる開発力	顧客へアドバイス、リテールサポート
ITシステムベンダー	パッケージ商品や既存技術で、低コストで早く	最先端技術を使った最高速システム	顧客に合わせて徹底的にカスタマイズ

ために、いじりがいがあるようなマニアックな製品を、オーディオマニアに売るということになる。

たとえば、京都の祇園には、食事の予約の際に、顔ぶれ、目的などを根掘り葉掘り聞き出し、それに合わせて料理の内容はもちろん、部屋のしつらえまで変えるという料理店があるという。

料亭だからできるといわれそうだが、通常の業態でも、程度の差こそあれ、それで差別化に成功している例は結構ある。営業担当者が顧客にガッチリ食い込んでいる場合などがそうだ。

この3つの差別化戦略はシンプルだが、上のチャートのように、多くの業界においてあてはまることがわかるだろう。下の4つの例は法人顧客対象のビジネスである。

洋服を売るにしても、中国の工場で大量に低コストで作った製品を、大規模に売りさばくチェーン、繁華街に立地して最新のファッションやトレンドを売りものにしカリスマ店員がいるような店、それから顧客と長期的な関係を築き手書きのDMを送ってくるようなフレンドリーな店、それぞれに存在している。

経営コンサルタントでも、低価格を武器にするコンサルタントもいれば、私のように多数のオリジナルツールを開発・発表して、それを武器にする商品軸型の戦略をとるコンサルタントもいる。

広告代理店でも、顧客にいわれたことを正確にきっちりとこなすことを強みにする手軽軸戦略の会社もあれば、新しい試みを積極的に研究・開発し、オリジナルな提案力を武器にする商品軸戦略の会社もある。また、顧客と長期的な関係を築き、顧客の好みを知り尽くしてかゆいところに手が届くような提案・サービスをする密着軸戦略の広告代理店もあるだろう。

卸売でも同じだ。低コストでスピードを重視する、川上に進出して自社のオリジナル商品を開発する商品軸、いわゆる「リテールサポート」つまり小売店へのコンサルティングを重視する密着軸の戦略などがありえる。

また、「製品」を作るにあたっても、この3つの軸は使える。たとえばノートパソコンのメーカーで考えてみよう。手軽軸の代表はデルだ。スタンダードな製品を低価格で販売し、宅配で届ける便利さが売りものだ。デルの価格競争力は圧倒的だ。

商品軸の代表はソニーのVAIO。今でこそ当たり前になった薄型ノートパソコンだが、それを最初に発売したのはソニーだ。発売当初のあの薄さは驚異的で、それからしばらく薄さ競争が続くほどのインパクトを市場に与えた。

密着軸の代表はパナソニックのレッツノートだ。レッツラーと呼ばれるレッツノートの熱狂的なファンを抱え、彼らのニーズに応えるため、かゆいところに手が届く製品を作る。また、パナソニックの直販サイトで買うと、天板の色をカスタマイズして「自分好み」にすることができる。

このように、「ノートパソコン」という「モノ」は同じでも、3つの軸で差別化することはできるのだ。

あなた自身の業界で考えればおわかりいただけるだろう。業種・業態にかかわらず、この3つの軸は非常に切れ味がよく、実戦的で使いやすいが日本ではあまり知られていない。だからこの3つの差別化戦略軸をうまく使いこなせれば、それはあなた自身の強力な「差別化ポイント」となるだろう。

ちなみにこの3つの軸の着想は私のオリジナルではなく、マイケル・トレーシー氏、フレッド・ウィアセーマ氏の記事・著作から着想を得ている。しかし、その先の使い方や日本での事例などについては私が相当のアレンジを加えている。もし違和感を感じられたら、それはひとえに私の責任である。

戦略にはこのような3つのパターンがあるという主張には、私自身の経験・知識と照らし合わせて非常に納得感があり、また実践面でも使いやすく、参考にさせていただいたことを感謝と共にここに記しておく。

3つの差別化軸と6つの差別化タイプ

では、それぞれの差別化戦略を事例をまじえて具体的に見ていくことにしよう。差別化の軸は手軽軸、商品軸、密着軸の3つがあり、それぞれの「軸」ごとに2つずつ若干違う差別化の「タイプ」がある。3軸×2タイプで、計6つの差別化のタイプがあると私は考えている。

この6つの差別化タイプは、私の経験・観察をもとに導き出したオリジナルの経験則だ。3つの差別化軸同様、顧客の「価値」を実現するものである。顧客の「価値パターン」に合わせることが、あなたの会社の「勝ちパターン」となるのだ。

では6つの差別化タイプを、4Pの典型的な内容と合わせて、ひとつずつ詳しく見ていこう。4Pとは、マーケティングでよくいわれる用語である。戦術を実行していくにあたって、製品・サービス（Product）、価格（Price）、販路・流通（Place）、広告・販促（Promotion）の4つの頭文字を取った略語だ。マーケティングを行うときの4つの主要な要素だ。ここでも4Pを使いながら説明していこう。

手軽軸戦略の2タイプ

商品の良さよりも、提供方法で差別化するのが手軽軸の戦略だ。品質は通常以上であれば、安く、早く、便利に買いたいという機能的な価値を重視する顧客に、とにかく安く、早く、便利に買っていただける利便性で差別化する。

手軽軸の差別化戦略には、2つのタイプがある。ひとつは価格の安さを重視する「最低価格型」、もうひとつは顧客にとっての「ラクで買いやすさ」を重視する「利便性型」だ。

①最低価格型タイプ

とくに価格を重視するのが最低価格型で、97ページのチャート図のような4Pになる。

わかりやすい例は、低価格訴求時のマクドナルドだ。一時期ハンバーガーを65円まで下げたときなどは典型例だ。商品は、万人受けする最大公約数的な商品で、決して悪くはないが、とくに素晴らしく良いわけでもない。生産効率を上げるために、凝ったものではなく、作りやすいという生産工程を意識した製品になる。

どの戦略でもそうだが、手軽軸では信頼性・安定性はとくに重要になる。それは、返品、苦情、故障などが続発すると、その対応に忙殺されて効率を損なうからだ。機械なら壊れない、食品ならおなかをこわさないという点は非常に重要になる。また、毎回同じモノが買える、同じサービスが受けられるというのも重要な価値だ。顧客はそれを期待している

価格は業界最安値、地域最低価格などを狙う。それにより、多くの顧客をひきつけ、規模の経済を狙う。そのためには、通常大きな設備投資などの固定費が発生する。マクドナルドよりおいしいハンバーガーは、家庭でつくれるだろう。しかしあの価格で、あのスピードでできるはずはない。

牛丼販売停止以前の吉野家などもその典型だ。牛丼一品に絞り、徹底した効率化、高回転率で十分においしい商品（個人的には非常においしいと思っていた）を売りまくっていた。

販路・流通は、その結果、多くの顧客を追い求めて、面を広く取ることになる。規模の経済を求めるので、量的優位を追わなければ設備が遊んでしまい、利益が出ないからだ。マクドナルドが多店舗化したのもそのためである。そして「朝マック」、つまり「朝食にマクドナルドを」というアピールをして、朝にも売上を作ることにより、店舗の固定費の回収を図る。

広告・販促は、いわゆるマスマーケティングになる。多くの顧客に広告メッセージを届けるために、テレビ、新聞、雑誌などの顧客到達単価が安いマス媒体を使う。広告メッセージも多くの顧客に愛される比較的無難なメッセージになる。

福島県郡山市に本部があるラーメンの幸楽苑がこの最低価格型の戦略を２００６年に推し進めていた。「中華そば」の値段を２９０円（税込み３０４円）に下げた。規模の経済をテコにした典型的な大量生産・低価格戦略で、店舗数は中長期経営計画として「グループ１０００店舗体制」を標榜（２００６年9月末で３４５店）。餃子の製造工程を無人化したり、５００店以上の供給能力を持つセントラルキッチンの稼働率を上げることにより粗利益率を上げることを狙っている。

ただ、価格一辺倒の戦略は、長期的には行き詰まりやすい。まず、価格を訴求しすぎると、価格だけを求める顧客が集まるので、単価を上げにくい。また、いつかは市場が飽和する。

英会話教室最大手のＮＯＶＡは２００６年3月期、上場以来通期で初の経営赤字となった。拠点数を１・６倍にしても生徒数は９％しか伸びなかった。市場が飽和し、低価格をウリにしてきたが、

手軽軸の2つのパターン

		最低価格型	利便性型
典型例		マクドナルド ドトール	アマゾン 駅ナカ店舗
顧客ニーズ		「とにかく安いのが欲しい」	「とにかくラクに手に入れたい」
4P	製品	最大公約数的な製品、スピーディで高い信頼性	「便利でラク」
	価格	業界最安値	低価格ではあるが、最安値ではない。
	販路・流通	長時間営業、好立地店舗、ネット販売	お客様にアクセスしやすく
	広告・販促	マスマーケティングで価格訴求	マスマーケティングで利便性訴求

２００６年3月、ついに値上げにふみきった。

ドトールも、一時期「１８０円でいれたてのコーヒーを」という看板を置いていたが、今は見ない。メニューも、昔はコーヒーは統一１８０円だったのが、90年代後半にＳサイズ（１８０円）、Ｍ、Ｌサイズを導入、１８０円より単価を上げようとしている。メニューでもＭサイズを強調しているので、ドトールに行ったら一度ご覧になってはいかがだろうか。

低価格だけの戦略は、どこかで行き詰まることが多い。市場が飽和するし、ある一定ライン以上は価格を下げても顧客が反応しなくなるからだ。低価格戦略に限らないが、今の戦略で勝負できているうちに、次の戦略を考え始めなければならないのだ。それが経営者の仕事の醍醐味でもある。

②利便性型タイプ

最低価格型に対し、同じ手軽軸でも、価格よりは、早く便利に入手できる「買いやすさ」を重視する「利便性」で差別化するタイプが利便性型だ。

この典型例がアマゾンである。本はどこで買っても価格は同じ。だったら届けてくれるほうがいい。しかも1500円以上であれば、送料無料（2007年5月現在）。店に行く時間、本を探す手間、重い本を持って帰るつらさ、すべてから解放される。ほぼ同じモデルがアスクルだ。価格の安さはまあまあで、何よりありがたいのは「明日来る」つまり、早く、店に行かなくても届けてくれるという利便性だ。

このタイプでは、商品自体よりも、提供方法で差別化する。したがって、商品はそれほど独自なものではなく、むしろ無難な、最大公約数的なものの取り扱いとなる。

価格は高くはないが、利便性を提供する分、最低価格で提供することは難しい。価格コムをお使いの人はご存じだろうが、価格コムで最安値のショップはたいていクレジットカード払いを受けつけない。クレジットカードの手数料の分、価格を下げる。クレジットカード払いを受けつける場合には、その分の手数料が、カードの利便性の対価として価格に若干上乗せされる。

販路は通常、面を広く取る。規模の経済を狙うことに加え、顧客からのアクセスを便利にして利便性を高めて買いやすくするためだ。店舗数を増やして、受け取れる場所、買える場所を増やすのだ。アマゾンはネットで、アスクルはファックスなどで買えるようにして利便性を高めている。販促は最低価格型と同じくマスマーケティングになるが、価格より利便性を訴求する。アスクルは、「明日来る」をそのままブランド名にしている。

家電量販店大手のエディオンが展開する「デオデオ」は、ウェブサイトによると中国地方では午後5時までに電話があれば、即日配達・即日修理ができる。これは、利便性を高めることにより、他の家電量販店と差別化しようとしているわけだ。

また、一部のコンビニが弁当・総菜の宅配サービスを実施しているが、それも利便性型での差別化を狙っているといえる。

◎──商品軸戦略での2タイプ

「商品・サービスそのものの良さで勝つ」というのが、商品軸の差別化戦略だ。お金に糸目はつけないから、とにかく最高のもの、おいしいもの、最新の技術の粋が使われているなどの高級製品にこだわる顧客を狙い、こだわりの最高品質・最新技術製品で差別化する。

商品軸での差別化も通常2通りのタイプが存在する。「最新技術型」と「最高品質型」だ。それぞれその名の通りで、「最新技術型」は最新鋭の技術をいちはやく導入し、最先端を走る。「最高品質型」は、新しさも「良いかどうか」を基準として、最高の商品・サービスを売る。どちらも商品・サービスで差別化することは同じだが、若干異なった4Pになる。両方を狙うということもありえるが、その場合でも、通常どちらか一方に重きをおくことになるだろう。

①最新技術型タイプ

まず、最新技術型だが、新しい技術を他社に先駆けて採用し、矢継ぎ早に投入していく差別化戦略だ。製品は、自ら技術開発を行うか、他社が開発した技術を競合他社に先んじて採用する。次々と新製品を出し、競合が追いついてくる前に、自社製品を自ら陳腐化させる。

価格は、開発投資が重くなるため、低価格にはならない。無駄・非効率を覚悟で、同じ製品分野に重複投資をする。万が一他社が最新の技術を投入してきた場合に、すぐ対抗できるようにするためだ。一般的なパターンは、出した当初は最新技術の新製品で価格は高く、値引率は低い。iPodも販売当時は定価販売だった。しかし、そのうち新製品が出てくることがわかっているがゆえに、時間がたつにつれ下落する。

販路・チャネルは、通常一般ユーザーが使うチャネルよりも、先端ユーザーが通う場所・エリア・店舗を優先する。アップルのアップルストアなどが良い例だ。先進スポットのみで限定展開して、希少価値を出す場合もある。

広告は、先端的な顧客に対して、尖った先鋭的なメッセージを送る。手軽軸の場合と違い、万人受けは狙わない。万人を狙っているわけではないからだ。広告については、アップルの携帯用音楽プレイヤーiPodの広告をイメージするとわかりやすい。iPodだけを白くフィーチャーした

「わかる人だけが反応してくれればいい」という先鋭的なものだった。

最新技術型のもうひとつの典型例がソニーだ。とにかく新しい製品を開発する。古くはトランジスタラジオ、トリニトロンテレビ。近年はウォークマンや8ミリビデオカメラ、ハンディカム、業界にも顧客にもショックを与えた薄型ノートパソコン・バイオ。最近では、お家芸の小型化技術を活かした、ハイビジョンデジタルビデオカメラ。新しいもの好きの高感度層顧客を刺激し、他人に見せびらかしたくなるような製品を矢継ぎ早に作る。

この最新技術型戦略の特徴は、自社商品を自分で陳腐化させていく執念だ。ソニーがハイビジョンデジタルビデオカメラを拡販させる際には、自社の従来機種が売れなくなるリスクを負っても、自社従来機種と画質を直接比較して、ハイビジョン高画質を訴求、シェアトップを奪った。その前にはデジカメでも同じような手法をとっている。

アップルはｉＰｏｄで自社製品を陳腐化させた。ｉＰｏｄ ｍｉｎｉが大ヒットしている最中の2005年9月に、革命的に小型化したｉＰｏｄ ｎａｎｏを発表、ｉＰｏｄ ｍｉｎｉを販売中止にした。この素早い展開力にはこの市場での巻き返しを狙っていたソニーですら追いつけず、ｉＰｏｄはこの時点での携帯用音楽プレーヤーの盟主の座をゆるぎないものにした。ｉＰｏｄは電機業界に多く見られる安売り競争とは無縁で、発表当初は定価、時間が経過しても値引き率が低い。

少々毛色は違うが、カルビーのポテトチップのフレーバー展開は最新技術型に近い。「技術」という意味合いではないが、新しい味を展開してくるスピード（いわゆるフレーバーローテーション）が非常に速い。数カ月おきに様々なフレーバー（味）を出してくる。新しい味なら必ず試すという革新層をターゲットにしているのだろう。その中から、コンソメパンチのような大ヒット定番品が生まれる。

この戦略を行うには、味の開発力、フレーバー切り替え時の在庫管理・処理などのノウハウと、それを行う人員が必要だ。私も食品のマーケティングをやっていたが、あのスピードで展開されたら競合メーカーはたまったものではない。

最盛期のインテルも最新技術型だった。３８６、４８６、ペンティアムと、矢継ぎ早に新技術を使った新商品を出して、市場を制覇した。新しいＣＰＵが出たら人よりも早く買いたい、試したいという顧客層は存在するのだ。

②最高品質型タイプ

商品軸のもうひとつのタイプが、「最高品質型」だ。このタイプで、商品・サービスは素材・技術などを含めて、最高のものになる。最新技術型のようにサイクルを早く回すというよりは、良質なものを長く売り続けることのほうが多い。わかりやすい典型例が、「カバン戦場」でのエルメス、「ペン戦場」でのモンブランなどだ。

製品は、素材を厳選し、最高級のものを使う。必然的に価格は最高レベルの高さになり、値引きもあまりせずに定価販売を狙う。

販路・チャネルは、敷居の高い高級チャネルとなる。エルメスのバッグは、（少なくとも正規ルートとしては）直営店や百貨店などでしか売られていない。供給を絞っているわけだ。モンブラン

商品軸の2つのパターン

		最新技術型	最高品質型
典型例		ソニー インテル	ハーゲンダッツ 宝飾系高級ブランド
顧客ニーズ		「とにかく新しいのが欲しい」	「とにかく良いものが欲しい」
4P	製品	最新の技術を使い、次々に新製品投入	最高の素材を惜しみなく投入
4P	価格	新製品は高価、時間がたつにつれて下落	かなり高価、値引率も低く多くの場合定価販売
4P	販路・流通	先進層に限定的	敷居を高くして供給を絞る
4P	広告・販促	最先端ユーザーを狙ってピンポイントで	高級感のあるブランドを構築

のペンも、一般文具店では売られていない。銀座の伊東屋はモンブランのペンの品揃えが豊富だが、やはり指名買いが多いと聞く。銀座の伊東屋まで足を運んで買う価値があるということだ。

あえて店舗の敷居を高くするのも常道だ。百貨店の中のカルティエのショップをイメージしていただくとわかりやすい。敷居が高く、見えない壁があるような気さえするが、高品質なサービスを提供する。私も名刺入れを東京・表参道のカルティエで買ったが、品物を決めて待っている間に、本格的なエスプレッソとお菓子をサービスしてくれた。

米高級バッグのサムソナイトは、2004年末にそれまで日本で同社製品を販売していたカバン大手エースとのライセンス契約を解消した。ボットーリ社長兼CEOは、「従来は世界戦略に反して、本来は百貨店などで扱う「サムソナイト」ブランドの商品を総合スーパー（GMS）でも販売していた。扱い商品を一新し、GMS向けを主体とした別ブランドを出すなど販路別に明確に商品ラインを分けた」とコメントしている。サムソナイトは、「最高品質型」で差別化するために、GMSで販売して量を稼ぐよりも、百貨店などに販路を限定し、差別化戦略を一貫させることを選んだのだ。

広告・販促は、ハードセル（売り込み）よりも、高級感を醸成する。「買って買って」というタイプの広告はしない。最高級の製品を、定価で、限定したチャネルで高級イメージを訴求して販売する戦略なのだ。

小売は、成城石井、明治屋などの高級スーパーマーケットがそれにあたる。東京・広尾に会社があったときに近くの明治屋によく通ったが、高級食材や輸入菓子などが揃っている。私は生鮮品を買うことはなかったが、買っている人によれば、品質が非常に高いという。自分でモノを作らない小売でもこの戦略は可能で、「最高品質の商品」を品揃えするということになる。その場合、顧客が限られるので、たとえば明治屋の立地は広尾、六本木、銀座、二子多摩川など、集客力が高い場所に絞った立地となる。

日本酒で「最高品質型」で差別化しているのが、新潟県長岡市の朝日酒造の日本酒、「久保田」だ。久保田は361～720mlの売れ筋1位（2006年7－8月日経POSデータ）で、日本酒のトップブランドといっていいだろう。

製品には非常にこだわっている。農法にもこだわった高品質のコメを使い、コメの研究も行っている。水にもこだわり朝日神社から湧き出る水を使っている。当然紙パックでは売らない。価格は、720mlで2000円を超え、売れ筋トップ10の中でもmlあたり価格は最高に近い。久保田の最高峰の純米大吟醸「萬寿」は、同社ウェブサイトによれば1・8lで8169円（税込み）だ。

特徴は低温流通で、店頭でも冷蔵設備で売るという条件で取扱店を選別している。それまでは常温流通が業界常識だったが、卸会社を通さない、小売店への直売によって低温流通を実現。ここでも差別化、つまり他社がそれまでやっていなかったことを実現している。このようなこだわりが、お酒にこだわる顧客の支持を得たのだ。

流通を絞ることは、最高品質型の差別化戦略としては定石だ。その結果、取り扱えない小売店も出るが、それでも割り切っている。小売店よりも顧客の支持が重要だということだろう。徹底的に「最高品質」で差別化しているのだ。

「うちの業界はヴィトンやモンブランじゃないから」というなかれ。低価格商品・汎用品のカテゴリーでもこの戦略は可能だ。ハーゲンダッツは、低価格商品カテゴリーのアイスクリームでこの戦略を実現している。06年7月の日経POSデータによれば、120mlのカップが、平均価格205・8円で売られている。同じく売れ筋の明治乳業の「明治エッセルスーパーカップ」が200mlで73・5円だからmlあたり価格で約5倍も違うことになる。04年には、ハーゲンダッツはさらに高価格な（税抜き380円）商品、パルフェを発売。高級・高価格・最高の味という路線を追求し、おいしさを求める顧客を虜にしている。

98年のシェア5位（9・1％）から、05年には11・6％へと伸長、1位のグリコへ僅差に迫っている。通常はニッチなポジションにいることの多いプレミアム商品でもシェア1位を狙えることを証明した。

ちなみに最高品質型では「定番商品」の息が長いことが多いが、ハーゲンダッツの売れ筋も、やはり定番の「バニラ」だという。「良いものを長く売る」というパターンが多いのもこの戦略の特徴だ。

サービス業でもこの戦略は可能だ。たとえばコンサルティング業界だ。マッキンゼー、ＢＣＧなどの外資系戦略コンサルティングファームは、「最高品質型」の戦略をとり、日本のコンサルティングファームにくらべて、時間あたり単価が2〜3倍高いといわれる。コンサルタントの数も、海外のトップスクールＭＢＡ保持者など、厳しい選抜を経て絞られるため、必然的に供給が絞られる。

◎密着軸戦略の2タイプ

私を特別扱いしてほしい、私のわがままにあった製品が欲しいという顧客に、最高のおもてなしや、顧客にあったサービス・提案をすることで差別化するのが、密着軸での差別化戦略だ。

密着軸での差別化も、業種・業態の特徴もあり、通常2つのタイプが存在する。ひとつは「顧客密着型」。顧客と深くコミュニケーションし、ニーズを把握し、顧客が欲しがる製品を揃える「つながり」を重視するタイプ。小売店などの「モノ」がいじりにくい場合のビジネスはこちらのタイプをとることが多い。

もうひとつは、「カスタマイズ型」で、顧客が自分自身でカスタマイズできる、カスタマイズしやすい製品を作るという「モノ」を「密着」させるタイプ。メーカーはこちらをとることが多いだろう。では、4Pでそのタイプを見ていこう。

①顧客密着型タイプ

まず顧客密着型だが、製品を作る前に顧客のニーズを徹底的に聞き出すことから始まり、顧客とのコミュニケーションを深め、関係を強化する。顧客に合った特別な仕入れだったり特注品になるため、価格は高めに設定される。

販路や流通は、いわゆるデータベースマーケティング、One to Oneマーケティングと呼ばれるものになる。ご用聞きなどで頻繁にコミュニケーションを行い、リピートオーダーを狙う。

顧客密着型では、いわゆる「リレーションシップマーケティング」（顧客関係深耕マーケティング）と呼ばれる戦略になる。データベースマーケティングは私の専門分野のひとつだが、実は、昔の魚屋、八百屋が普通にやっていたことだ。

「佐藤さん、今日はいいイカ入ってるよ。ダンナさん、イカの刺身好きだよね」「あらそう、いただくわ」「お子さんにはこっちのマグロどう?」「あ、そうそう、うちの子好きなのよ」「奥さん、いつもありがとね。ちょっとおまけしとくよ。はい550マン円ね」というような商売だ。

これだけのやりとりだが、それには顧客の顔と名前はもちろん、家族構成とその好みを把握・記憶し、親しみやすいコミュニケーションをとりながら最適の商品を提案するという高度な情報処理が行われている。これを大規模に展開するのが顧客密着型だ。

小売でこの差別化戦略を成功させている例が、山梨県内で26％のシェアを誇るスーパーマーケットのオギノだ。ポイントカードを使って、顧客のお買い上げ状況を把握し、嗜好にあった品揃えやDMを打つ。「人口約89万人。31万世帯が暮らすこの山梨県において、40万枚という世帯数以上の発行枚数を誇り、来店者の実に90％以上が使用し、売上の実に95％を占めるオギノカード」とのことで、そのデータを最大限活用しているのだ。

同社では、たとえば高級ピクルスを買う顧客は、他の高級商材も買う優良顧客だそうだ。だが、高級ピクルスがないと来店しない。であれば、高級ピクルス自体はあまり売れなくとも優良顧客のために品揃えすることになる。高級ピクルスを買う優良顧客から見れば、「他の店では売ってない高級ピクルスが売っている私好みの店」となり、そこで他の商品も買っていくわけだ。

また、「松竹梅『天』、2リットル1本お買い上げで20ポイントプレゼント」というDMを1万人の顧客に送ったところ、パック日本酒「天」の売上は直後の1週間で5倍になったという。送付対象顧客は日本酒か焼酎を買ったことのある顧客。ビール飲酒層はこのようなDMを送っても効果がないことを読んでいた。顧客の嗜好をきっちりつかんでいるからこそ可能なのだ。

これは、データベースマーケティングをご存じの人には至極当たり前のように見えるだろうが、実はここまできっちりPOSデータを使いこなしている小売店は少ない。ポイントカードが値引きにしか使われないことも多く、だからこそ、オギノが差別化できるわけだ。

クレジットカード会社でも同じような状況だ。先般、新聞に某カード会社が、「顧客を分類して顧客にあったDMや商品提案を行う先進的なマーケティングをしている」と紹介されていた。しかしそのような「やって当然」のことが先進事例として新聞に載ったことに、むしろ私は驚いた。

外資系・日系を含め、先進的なカード会社は、大規模データベースを使い、統計・数学の専門家を使って大がかりな統計分析を行う専門部署をもち、顧客の好みを綿密に調べあげ、それにあった提案をする。金融会社というよりは、情報処理会社の様相だ。しかし、そのような緻密なデータベースマーケティングは、日本ではまだまだ未成熟なのだ。

この顧客密着型戦略は、メーカーでもできる。拙著『〝マーケティング脳〟を鍛えるバカ売れトレーニング』（秀和システム刊）で紹介したスキンケア製品メーカー、ユースキンは、顧客との触れ合いを大事にし、イベントを企画し、顧客をご招待し、社員自ら顧客と話す機会を持つ。

顧客は親子2代にわたってユースキンファンという人も多く、顧客にとってはユースキンにユースキンへの思い入れを語ることが楽しみになっているそうだ。私は社長にお会いしたことがあるが、社長自ら顧客からいただいた手紙に目を通し、返事を書いている。ユースキンは、別に何万円の商品を売っているわけではない。1000円前後の商品を売っている通常のメーカーだが、やろうと思えばできるのだ。

このような施策は、短期的な効果は限定されるが、ファンを作ってリピート・口コミをしていただくという長期的な効果は大きい。いわゆるライフタイムバリュー（顧客生涯価値）を上げられる。

営業戦略でも顧客密着型は可能だ。私の親戚（女性）が常連客となっている渋谷の某百貨店の服飾店の店員さんは、3カ月に1回定期的に手書きのハガキを送ってくる。親戚の好みを知り尽くしていて、電話して「秋冬のスーツを選んでおいてください」というと、本当に好みのものが色々と提案されるそうだ。「○○様にぴったりの服が入荷されました」と手書きで書いてあるハガキが来たので行ってみると、事実好み通りの服があるという。あるときは、「仕事で急にスーツが必要になったので、30分後に店に行くから揃えておいて」と伝え店に行くと、体のサイズにあった服が揃えてあり、それを着てそのまま客先に行ったということもあったそうだ。商品そのものの素晴らしさもあるだろうが、それよりも、好みを知り尽くし、特別扱いしていることが秘密だろう。セオリー通りの営業ともいえる。

このタイプの差別化戦略では、とにかくコミュニケーションを深めて顧客のニーズの把握につとめる。商品軸の企業が自ら技術開発し、自ら提案していく（顧客に聞いてもウォークマンのアイディアは出ない）のに比べ、顧客の要望に実直に応えていく。顧客の声に地道に答えて確実にファンを増やしていくのだ。

②カスタマイズ型タイプ

密着軸でのもうひとつの差別化のタイプが、「カスタマイズ型」だ。つまり顧客が「私に合わせたこういうものが欲しい」という要望に徹底的に沿って作る。先の顧客密着型が、コミュニケーションを密に行って顧客に好かれるという情緒的な方向を志向するのに対し、カスタマイズ型は、「モノ」主体の差別化であり、顧客の思うように指定できるという仕組みを重視する。

この場合の4Pは、製品はその名の通りカスタマイズする。顧客が望む仕様をできるだけかなえ

密着軸の2つのパターン

		顧客密着型	カスタマイズ型
典型例		デパートの外商オギノ	ハーレー
顧客ニーズ		「私と私のニーズを知って欲しい」	「私の思う通りのものが欲しい」
4P	製品	お客様の欲しいものを全力で揃える	お客様が欲しい通りのものを作る
4P	価格	人件費・特注の分高め	カスタマイズ費の分高め
4P	販路・流通	直販・リピートオーダー	カスタマイズできる専門店
4P	広告・販促	データベースマーケティング、One-to-One	データベースマーケティング、One-to-One

る。もしくは顧客が自分で部品を買って自分でカスタマイズするような場合もある。標準的なパソコンを買ってきて、それに自分の好きなパーツを取り付けるような場合だ。

そのような手間がかかる分、価格は高めに設定されることになる。

販路・チャネルは、そのような販路を多く持つことが難しいので、通常は限定的なものになる。商品軸、とくに最高品質型の差別化戦略がチャネルを絞るのは、「供給を絞る」という意味もあるが、カスタマイズ型の場合は、それだけの設備を持つのが難しい、またはそれほどニーズが多くないがゆえにチャネルが限定的になるという側面もある。

広告は顧客が限られ、リピートも

多いので、テレビCMなどのマス広告は費用対効果が良くない。そのためワン・トウ・ワンマーケティングや、口コミを重視するものになる。

大量生産メーカーがこれをする場合は、いわゆる「マスカスタマイゼーション」と呼ばれる生産方式になる。マスカスタマイゼーションとは、生産工程の大筋は変えずに、少しだけ顧客好みにできる工程を加えて、顧客の好みにできるだけ応える生産方式だ。

最近は、ラーメン店でも「麺硬め、油多め」などの指定ができる店があるが、これがそうだ。麺をゆでる、スープに入れるなどの生産方式は、どのラーメンでも同じだ。しかし「麺硬め」というリクエストがあれば、麺のゆで時間を短くする。「油多め」というリクエストも、油を入れるときに多めに加えればよいだけだ。これらの変更は、生産方式はほとんど変わらない。微調整ですむので、顧客のリクエストによってそのたびに大きく生産方式を変えずにすむ。だから生産性にも大きな影響を与えずに、お好みに合わせる（カスタマイズ）ことができるのだ。

ハーレーダビッドソンのバイクは、ハンドル周り、シート周りなどの部品を自分で選んでカスタマイズできる。「マイハーレー」とでも呼ぶべき、世界でひとつしかないバイクができるのもハーレーの楽しみのひとつなのだ。たとえばハーレーのディーラー、昭和の森店では、部品を6000品目も用意しているという。

少々変わったところでは、オーダーメイドの食材もある。岐阜市の山川醸造では、3通りの調整をして、好みの醤油が作れる。醤油のブレンド（白醤油、濃口醤油、淡口薄醤油など5種）、まろやかさ（甘さ）5段階、保存料の要不要を指定して、自分の好みの醤油を作ってもらえるという。

まとめ:
3つの差別化軸と6つのタイプ

軸	タイプ	内容
手軽軸	最低価格型	大量生産・大量販売・大型投資で規模の経済に基づいた最低価格を実現して差別化する
手軽軸	利便性型	早い提供スピード・面の広い販売チャネルなどの買いやすさ・利便性で差別化する
商品軸	最新技術型	最新技術をいち早く導入し、自社商品・他社商品を問わず陳腐化させて差別化する
商品軸	最高品質型	最高の原料・最良の製法を惜しみなく使い、最高の製品・サービスを提供して差別化する
密着軸	顧客密着型	顧客とコミュニケーションを深め、関係を築き、深い顧客理解に基づく提案力で差別化する
密着軸	カスタマイズ型	顧客一人ひとりに個別化された、顧客が望むモノ・サービスを提供して差別化する

さらに、「わがまま注文」もでき、ウェブサイトでは「どんなわがままなご注文でも職人があなたのお好みに合わせブレンドいたします」とまで謳っている。醤油のブレンドまで指定をするのは、料理にこだわりのあるプロ、セミプロたちのニーズだろう。

このように、モノを顧客が自分の好みに極力合うように指定できるのがカスタマイズ型だ。顧客の「モノへのこだわり」に対して徹底的に応えることで差別化するわけだ。同じ密着軸の「顧客密着型」が、「関係性」という心的つながりに重点を置くのに対し、カスタマイズ型は「モノ」という物的な特性での差別化を狙う戦略である。

5 3つの軸を使った差別化の必要条件

ある軸においてナンバー1になることと、
他の軸においても平均点以上を取ることが差別化の必要条件。

◎ひとつの軸でナンバー1になり他軸で平均点以上を取る

では具体的に、3つの差別化軸をどのように経営戦略に使っていくか、その方法を考えていこう。3つの軸で差別化していくにあたっては、2つの必要条件がある。ひとつは、ある軸においてナンバー1になること、もうひとつは、他の軸においても平均点以上を取ることだ。

差別化とは、ある限られた戦場で、ナンバー1になることだ。2位ではダメなのかという質問に対しては、私は「日本で一番高い山は富士山。では日本で2番目に高い山を知っていますか?」と逆に尋ねる。答えは山梨県の北岳だが、おそらくご存じないだろう。1位になることのメリットには、富士山のように認知度が高まる、マスコミが取り上げてくれる、安心感があるなどがあるが、同じようなものであれば通常1位のものが選ばれる。

また、顧客の選択肢に入ることが非常に重要だという理由もある。STEP2で述べたように、

「競合」とは顧客のベネフィットや価値を満たす選択肢の束だ。まずは、その「選択肢」に入らなければ買ってもらえない。たとえば「今日の昼は手早くすませたい」と考えた場合、男性なら吉野家、立ち食いソバ、ドトールなどがぱっと思い浮かぶだろう。ナンバー1であれば、顧客がベネフィットや欲求を満たしたいと思ったときに「選択肢」に入りやすい。

ただ、戦場が全国でない限り、全国でナンバー1である必要はない。飲食店なら、周囲の競合（競合はお客様のアタマの中の選択肢であるから、業種業態とは限らない）に対して、ある軸で勝っていればよい。

たとえば、××駅前のファストフード市場の中で、手軽軸なら「一番安い」「一番早い」、商品軸なら「一番うまい」「一番多い」などで顧客に思ってもらえれば、競合に対して差別化できていることになる。「早くすませたいから○○にしようか」と思ってもらえれば、スピードで差別化できているということだ。差別化とはあくまで戦場において、相対的に決まるのだ。

軸を絞ってナンバー1に

3つの差別化軸すべてにおいて、競合を圧倒的に上回ることはまずありえない。安くて、最高の品質で、自分のわがままを満たしてくれるような商品はまず存在しない。「安い割においしい」ということは、吉野家の牛丼のようにありえるが、それは「何百円の商品としてはおいしい」という、価格対比の高さであり、数万円のフレンチや和食と比べておいしいということでは必ずしもない。

3つを同時に満たせないからこそ、どこかに特化することになる。

この3つの差別化軸が、相互に独立して、すべての軸で最高点を取れないのは、ビジネスモデル・経済性の違いが差別化軸ごとに存在するからだ。

①手軽軸 vs 商品軸

低価格を旨とする手軽軸の場合、高価な素材・技術は使えないので、商品軸との両立は難しい。

②手軽軸 vs 密着軸

手軽軸では、低価格化のために大量生産・画一的なサービスを志向する。そうなると、個々人のわがままには応じにくい。チェーン店のアルバイトが顧客と仲良くなることも考えにくい。

③商品軸 vs 密着軸

最高品質・最新技術を旨とする商品軸の場合は、どうしてもモノや技術寄り発想・生産となる。基本的に「最高」というのはひとつしかないため、これも顧客のワガママを最大限にかなえるという密着軸との両立は難しい。

たとえば、ラーメン店の場合、

①手軽軸：安くて早い、1杯290円のチェーン店

②商品軸：麺とスープに極限までこだわり、おいしさを追求する名店
③密着軸：常連の顔と好みを覚えて会話し、たまにはおまけする地元の店

という差別化戦略に分けられるが、この3つの軸すべてで最高点を取るのはまず無理だ。手軽軸の安さ、早さと、商品軸のこだわりのおいしさを同時に満たすのは、原価率的に難しい。もちろん290円という価格の中で最高の商品を出すべきなのだが、一杯900円のこだわりのラーメン店に味で勝つのは難しいだろう。また、商品軸での差別化の場合は通常生産工程が複雑で、手間がかかる。したがって、手軽軸で勝負するチェーン店のように素早く出すことはできない。

また、手軽軸と密着軸の両方でナンバー1になることも難しい。チェーン店だと、コスト低減のためにもアルバイトを雇用することになろう。すると、ずっと店にいるわけではないので、顧客の顔を残らず覚えることは難しい。そもそも顧客もそれを期待していないだろう。

②の商品軸と③の密着軸の両方でナンバー1を取ることは、できそうではある。この2つの軸は相性が良い。しかし、商品軸の会社に多い研究肌の職人気質の人は、往々にして密着軸の愛想の良い対応があまり得意ではない。こだわりのご主人と、愛想の良い店員さんがタッグを組めば、商品軸と密着軸の両方を満たす良い店ができるかもしれない。

スターバックスは、「おいしいコーヒー」という商品軸を機械やマメなどのインフラで整備し、「温かい顧客対応」という密着軸を従業員の採用・選抜・訓練で行うことによって、両方を実現しようとしているように思われる。この取り組みは現在のところ成功しているといっていいだろう。

スーツ店なら、

①手軽軸：汎用品スーツを1万円で大量に提供するチェーン店
②商品軸：ヨーロッパ製の生地を、ヨーロッパで縫製する高級店
③密着軸：顧客に合わせてオーダーメイドで作る専門店

という差別化軸がありえるが、これも3つの軸のすべてを同時に満たすのは難しいことはおわかりだろう。3種類の店舗を1カ所に入れれば可能かもしれないが、それは、別々のビジネスモデルの店がたまたま1カ所にあるということであり、ひとつのビジネスモデルで同時に実現しているわけではない。手軽軸のチェーン店は大量出店する必要があるので、結局は商品軸・密着軸でナンバー1になることは困難になる。

結局、どこかひとつの軸、多くて2つの軸でナンバー1になることが「差別化する」ということになる。

顧客の目から見ても、どこかに特化する必要がある。「すべてができる」ということは、「特徴がない」ことと同義だからだ。「この店のお奨めは何ですか?」と聞かれて、「何でもお奨めです」と答えるのは、「お奨めはありません」といっているのと同じことだ。「これがお奨めです」というのは、「他のものはダメです」というのとは違う。「これは他店には負けない自信があるものですよ」という自信の表れだ。

商品、サービスなどの戦略に限らず、身近なところでは、営業パーソンのスタイルも、
①呼ばれたら30分で駆けつけ、いわれたことだけをきっちりこなす手軽軸型
②高感度な情報網をもち、考え抜かれた高品質な提案をする商品軸型

③顧客のニーズを先読みし、かゆいところに手が届く営業をする密着軸型に分けられる。

この3つを同時にこなせるスーパー営業パーソンはそういない。ひとつこなせれば普通の営業パーソンだが、顧客によって向き不向きが大きい。2つこなせると、相当優秀な部類に入る。

あるとき私が顧客に、「なぜ私どもを使っていただけるのですか?」と聞いたところ、「正直にいうけど、あなたのところは高い。DMの制作力なども悪くはないが（その顧客には制作物を作っていた）、素晴らしく良くもない。ただ、あなたは私たちのことを非常によく知っていてくれているので、安心してすべて任せられる。うちの社員の残業も減る。だからだよ」とはっきりおっしゃった。その顧客にとって、私は③の密着型で評価されていたわけだ。

◎──ひとつの軸が致命的に劣ると顧客の足切りに合う

ひとつの差別化軸でナンバー1であると同時に、他のすべての軸において、平均以上でなければならない。どこかひとつの軸において致命的に劣っていると、それだけで選んでいただけなくなるからだ。顧客の「足切り」に合うわけだ。

たとえば、いかに安い定食屋があったとしても（手軽軸で勝る）、非常にまずかったら（商品軸で劣悪）、そこで食べるだろうか?　そこそこおいしくて、安ければ行くかもしれない。非常に高画質なデジカメ（商品軸で勝る）でそれが欲しかったとしても、極めて使い勝手の悪い（手軽軸で劣悪）製品だったら買うだろうか？　私が持っていた、ある携帯用音楽プレーヤーは、音楽ファイルのフォーマットへの対応の幅広さという基準（商品軸）で選んだのだが、使い勝手（手軽軸）が悪かった。開発者は実際に製品を使ったことがあるのだろうかと思うくらい悪い。ＣＭもしているし、店頭にも置いてあるのだが、市場での評価は低く、事実シェアが低い。音楽フォーマットへの適応性という重要な要素においては強い。しかし、使いにくいという致命的な問題を抱えているがゆえに売れないのだろう。

その解決策はある。

たとえば、手軽軸で差別化する場合は、コストがかかる親身な顧客対応も効率化する。顧客対応を犠牲にするのではなく、効率化するのだ。人間が応えるのではなく、「よくある質問」ページをウェブサイト上に載せるなど、自動化・機械化すればよい。オンライン書店のアマゾンが、本の内容に対して親身に応えることはビジネスモデル上非常に難しい。それに対して、アマゾンは本の一部が読めるようにすることで対応した。それは満点の対応ではないだろうが、不満を軽減する効果はあるだろう。

◎――3つの差別化軸と「価値」の関係

ビジネスの本質とは「顧客に価値を提供して、顧客からその対価をいただく」ということだ。戦略のメインの議論は、「どのような顧客にどんな価値を提供し、どうやってお金をいただくか」と

3つの差別化軸と
「価値」の関係

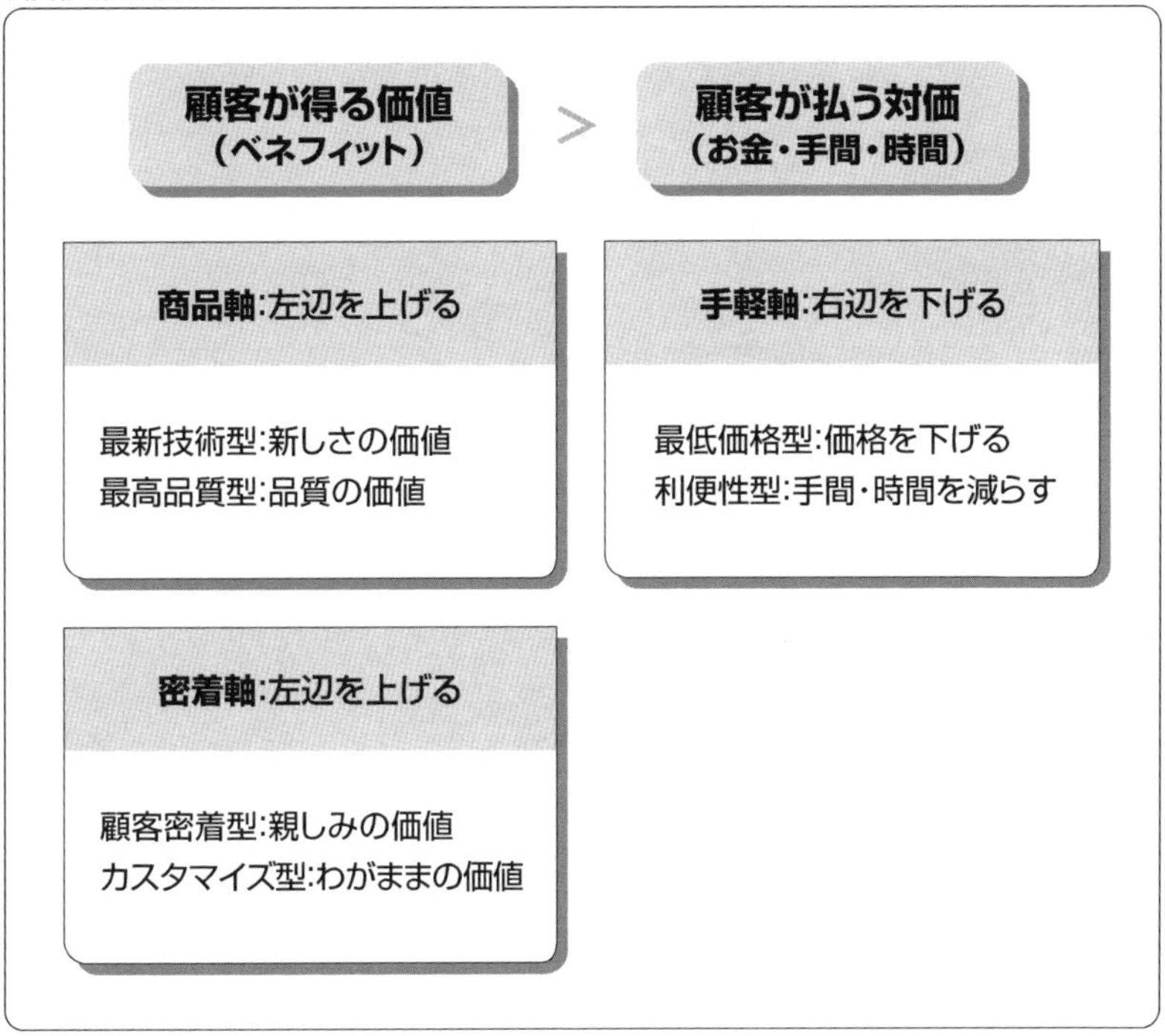

いう単純なことである（単純だが簡単ではない。単純と簡単はまったく違う概念だ）。

顧客が「買う」ときは、自分が提供する価値が顧客が払う対価より大きいときとＳＴＥＰ１で解説した。

顧客に買っていただく、つまり競合商品ではなく、自社商品を選んでいただくためには、「自分が提供する価値」を上げるか、「顧客が払う対価」を下げるかのどちらかになる。この視点でこれまでの差別化戦略を分類してみよう。

上のチャートのように、左辺（顧客にとっての価値）を上げるのが、商品軸と密着軸の戦略であり、右辺（顧客が払う対価）を下げるのが手軽軸戦略だ。

これを〈売上＝客数×客単価〉という観点で見ると、左ページのチャートのようになる。顧客の対価を下げる手軽軸戦略は、顧客にとっての「障壁」を下げることを意味するので、多くの顧客が買えるようになる。また、大量生産・大量販売を指向するビジネスモデルでもあることから、手軽軸戦略では多くの顧客を狙う、客数志向になる。

対して、商品軸・密着軸戦略は、商品品質や自分のわがままを満たしたいというこだわりのある顧客を狙うことになる。そのためには提供コストも上がることから、商品軸・密着軸戦略は、客数よりも客単価志向になる。

このように、商品軸と密着軸は戦略的にも実行のしやすさにおいても比較的近い関係にあり、両者を同時に満たすことは比較的行いやすい。

差別化する軸を選ぶのは経営者の仕事

すべての軸を平均以上に持っていくのは誰でもすべきだが、とくに経営者の仕事は、「どの軸で差別化するのか」という戦略的な決定を行うことだ。生き残っている会社であれば、何らかの差別化はできているはずだ。それで今後も勝ち続けられると思えば、それをさらに意識して徹底すればよい。無理だと思えば別の軸を模索することになる。

とくに、あなたの事業が手軽軸で戦っている場合、規模の経済が働きやすい軸なので、Ｍ＆Ａがまだあまり進んでいないような業界ではこれから起きることが考えられる。さらに安くてさらに便

3つの差別化軸と客数・客単価

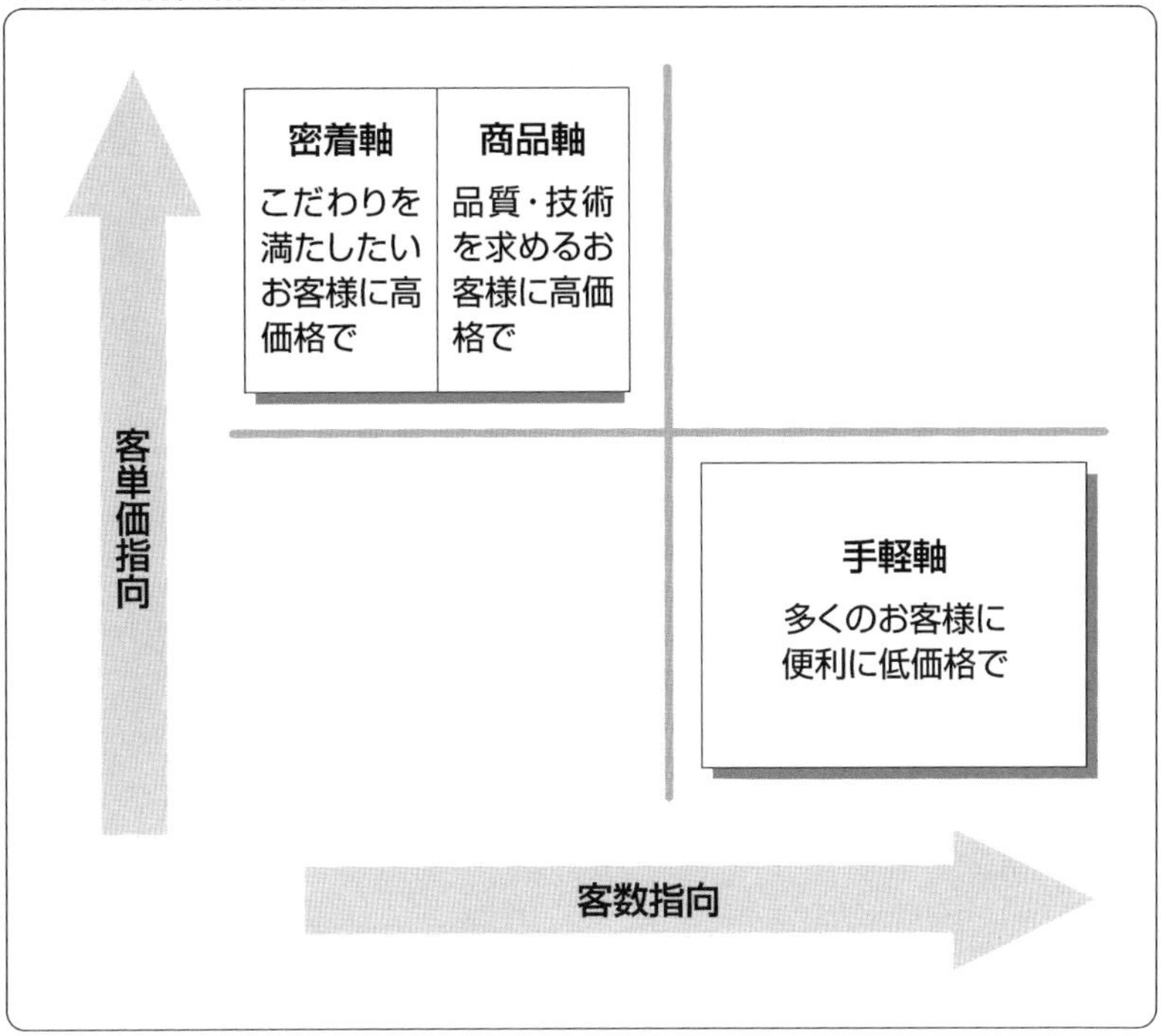

利な超大手が進出してきた場合にはどうするかということを、真剣に緊急に考える必要がある。

たとえば、低価格を売り物にしている英会話教室であれば、隣に大手の低価格チェーンが進出してきたときにどうするかというのは現実的な脅威となる。

価格を武器にしている会社は、規模の経済を志向するため、市場があればどこにでも進出してくる。

◎空白の差別化軸を探せ！

もし3つの差別化戦略のうち、誰もやっていない差別化軸があれば、そこには未開拓の（戦場）がある。

たとえばコンビニエンスストア

は、手軽軸の利便性型で伸びてきた業態だ。しかし、手軽軸の差別化が限界に到達し、現在、各社が新業態を模索している。

ナチュラルローソンは、商品軸で差別化しようとしているのだろう。セブンイレブンなどで使える電子マネー「ナナコ」は、顧客の購買履歴を把握しようとする密着軸型の試みだろう。業界が成熟するにしたがい、他の差別化軸を模索するようになるのだ。

差別化戦略はどの業種・業態にも当てはまる

これらの差別化戦略は、「戦略」であるがゆえに、業種・業態によって違いの出る「戦術」とは違い、ほぼすべての業種・業態に当てはまる。営業・販売方法、チャネル、キャッチコピーなどの戦術は、業種・業態によって違いが出る。薬事法などの法規制もあり、普遍化することは難しい。しかし戦略レベルの大きなことについては、ほぼすべての業種・業態で当てはまる。

面白いもので、どの業種・業態の人に聞いても、「ウチの業種は特殊だから」とおっしゃる。しかし希にはあるが、火星にレストランを作るような場合を除き、どの業種・業態も他とそう変わらないものだ。

よく医科向けの医薬業界の人は、「医薬品の販売は他とは違うから。薬事法という規制があるし、何より自分で売れない。お医者さんを通してじゃないと売れないからね」とおっしゃる。いわゆる「ＭＲ」（医科向けの営業スタッフ）を通じて営業するから特殊だというのだ。

しかし、そんなことはない。規制がない業界はそうないだろう。たとえば金融企業の規制は厳しい。自分で売っていない業種も山ほどある。直販網を持っている大手メーカーのほうが少ないのではないだろうか？　洗剤メーカーも菓子メーカーも自分で売らず、コンビニ、スーパー経由で売るわけだ。お医者さんに対する営業と、コンビニのバイヤーさんに対する営業は違うにしても、それは戦術レベルの方法論の話であって、「他人を通して売る」という構造は同じだ。

一見、特異に見える業種・業態も、構造化・普遍化してみるとそう変わらない。たとえば、回転寿司とスーパーマーケットの共通点は何だろうか？　一見まったく違うように見えるが、両方とも構造は非常によく似ている。

回転寿司も、スーパーも、「それまでは、店員に頼んで商品を出してもらっていたのを、自分で自由に選べるようにした」という点（そしてそれが差別化になった。それまでの業界の人は「そんなもの受け入れられない」と思っていたからだ）は同じなのだ。寿司店は、それまで注文して握ってもらっていた。スーパーが出てくる前は、「これください」と店員さんにいって、奥から商品を取り出してもらっていたのだ。

このように、見た目の違いではなく、構造の違いに目を向けると、新たな着眼点が見つかる。差別化戦略は、普遍的に当てはまるものなのだ。

逆説的ではあるが、「それはうちの業界には当てはまらない」と思っていることほど、やったときには強烈なインパクトを発揮することが多い。それは、みんながそう思っているからこそ誰もやらず、差別化できるからだ。

中小企業白書2005年度版によると、業界で行われていない新しい取り組みをする企業の成長率は、そうでない会社より圧倒的に高い。それは「差別化」という観点から説明できるのだ。

今では驚かないが、少々前にセブンイレブンが200円の高級おにぎりを出した。当時、おにぎりの価格帯は130〜150円前後で、それより高い商品は売れるわけがないと思われていたようだ。業界では非常識だったようだが、これが顧客に受け入れられ、「最高品質型」の差別化となった。

このように、業界の常識・顧客の非常識というのは、よくある話だ。顧客にとって意味のあることであれば、「業界の非常識」はむしろ強力な追い風になる。競合が笑って見ている間に反応が遅れるからだ。

逆の発想で、「最低価格型」のおにぎりなら、たとえば海苔もついていない、ミニサイズの50円のおにぎりもありえる。ヘルシーなおやつやお弁当にもう1品といった売れ方をするかもしれない。これがコンビニ業界では売れないと思われているのであれば、それは差別化できる。

差別化とは、違うことをするということだ。業界の常識に従っていたのでは、他社と大きな差別化はできない。

新しい取り組みにこそ効果がある

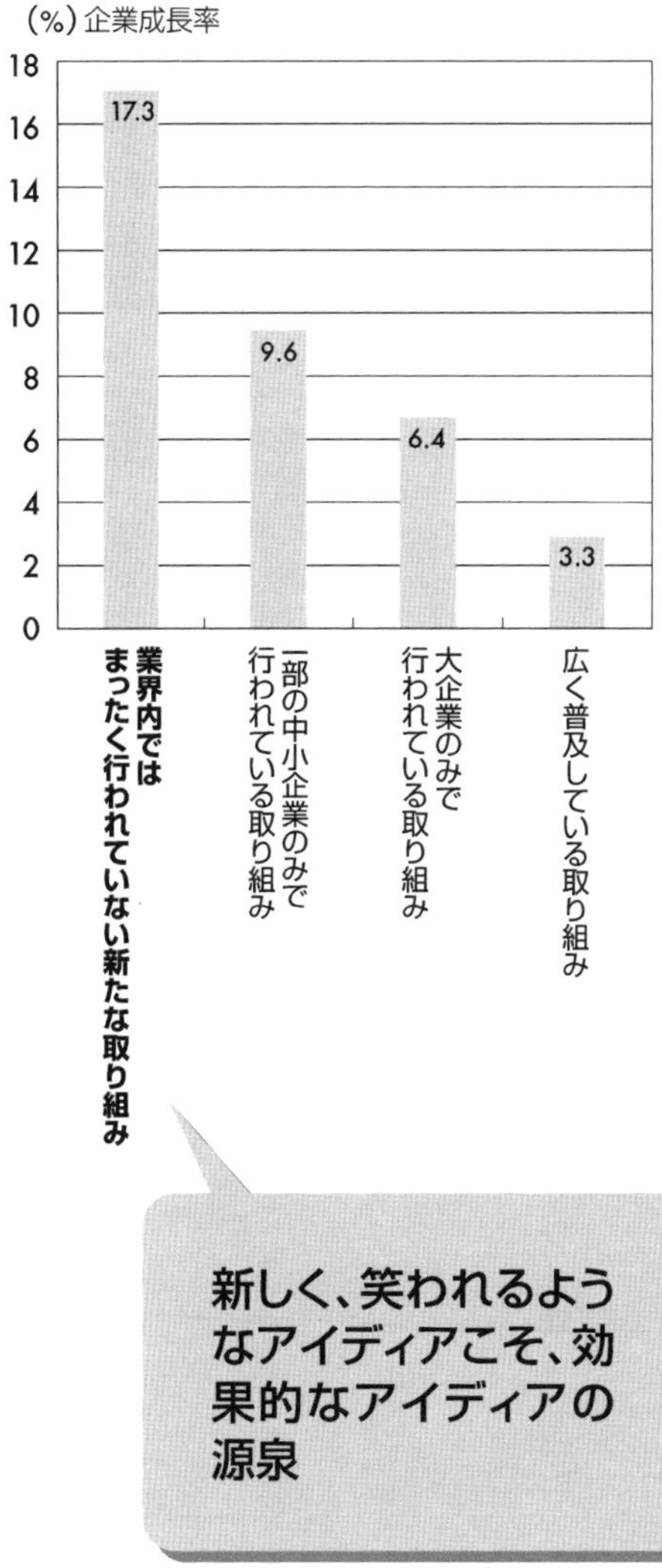

資料:中小企業白書2005年版 48P
中小企業金融公庫「経営環境実態調査」(2004年)11月

(注)
1.1998年以降に経営革新に取り組んだ企業の企業成長率の平均値を比較している
2.企業成長率=(2004年従業員数－1998年従業員数)/1998年従業員数
3.F値3.97、1%有意水準で、これらの取り組みの間に企業成長率の違いがみられる。

新しく、笑われるようなアイディアこそ、効果的なアイディアの源泉

6 差別化軸に対応する独自資源を決める

ハードな独自資源とソフトな独自資源が、差別化戦略を長期的に支える。独自資源と差別化戦略の一貫性がカギ。

10年後になっていたい姿を考える

差別化の軸が決まれば、自社が持つべき独自資源は連動して決まる。現時点でその独自資源が競合との差別化に不十分であれば、長期的に育てていくことが必要になる。

差別化ポイントは、短期的には色々変えることができるが、社員のスキル、ノウハウ、文化、設備などの独自資源を育てていくには時間がかかる。通常は数年がかり、かつ競合を上回っていくには10年がかりにもなりうる。

このように未来を考えることは、まさに経営者の仕事だ。日頃忙しく走り回っている社員に「10年後のことを考えろ」というのは無茶だ。それを考え、社員がそれに沿って走り回りやすいようにするのが経営者の仕事である。そして時間がかかることだからこそ、経営者がリスクをとってたとえ短期的成果をある程度犠牲にしても、10年後になっていたい姿を考え、社員育成や設備への投資

3つの差別化軸と独自資源:ハード資源

	手軽軸	商品軸	密着軸
技術	汎用技術・大量生産技術	先端技術・高品質製品生産技術	顧客の好みに合わせるための幅広い技術(の知識)
設備	大型・効率化された設備・大量出店	最新設備・最高品質の製品を作れる設備	顧客に合わせて製品・部品を作り替えられる
投資	大型設備・大量の店舗・ITシステム	先端技術・品質改善・知的財産・技術開発環境	顧客データベース、取引履歴

をしていくことが必要だ。

◎――技術、設備などのハード資源

独自資源には、大別してハードな資源とソフトな資源がある。まずは比較的わかりやすいハードな資源から見ていこう。

ハード資源には、上のチャートのように、技術、設備、そしてそれを支える投資などがある。技術や設備そのものは直接的に差別化につながらないが、たとえばウォークマンの「小型化」という差別化ポイントを実現させ、さらにそれを自社だけができるようにするのが、独自資源である。

「デザートビネガー」(デザートと

して飲むお酢）というコンセプトを提案している内堀醸造は「酢づくりは酒造りから」を標榜し、酒造メーカーに匹敵するような設備を持つ。樽で寝かせることによって味わいが出る酢もあるそうで、そういう限定酢が、明治時代に建設された醸造蔵にある。同社サイトによれば、同社のワインビネガーはぶどうから一貫生産し、新鮮なぶどうをワインに醸造し、それを酢に醸造している。このように手間暇かけてつくったおいしい酢が同社商品の「差別化ポイント」になるのだが、それを可能にしているのは、他社には真似のできない酢づくり設備というハードな「独自資源」になるのだ。

シャープは低価格商品のイメージがあったが、それはもはや昔の話。「液晶のシャープ」のポジションをすっかり確立し、液晶テレビでは世界でも国内でもシェアトップ（05年）だ。その競争力の源泉の一端が、工場設備である。06年には亀山第二工場を稼働、06年度までに３０００億円以上を投資、07年度にも２０００億円の投資予定だという。液晶パネルの生産に参入するには、大変な投資額が必要で、生産工場というハード資源が参入障壁となっている。事実、液晶パネルはシャープをはじめ、サムソン、ソニーなどのアジアメーカーの寡占となっている。

手軽軸戦略であれば、低価格生産力・調達力が成功のカギを握るので、ハードな独自資源である設備は必然的に大型化し、いわゆる「カイゼン」により、どんどん生産コストを下げていく工夫・技術開発をする。投資は、効率を上げるための設備投資をする。商品や部品の調達は、特殊なものではない汎用品を大量購入してとにかくコストを下げる。印刷会社の場合は、大規模な印刷会社がこの手軽軸戦略をとる。超大型の印刷機を印刷会社で見せてもらったことがあるが、壮観だった。

いったん動き出せば、すさまじいスピードで印刷が始まり、数十万枚の印刷を難なくこなす。印刷の時間がかからないので、コストも下がる（機械の減価償却は大変だろうが）。

商品軸戦略は、技術力、独自商品の開発力・調達力が成功のカギを握る。最新の技術を開発するために、ハードな独自資源として最新の設備に投資する。特許などの知的財産も、ハードな資源として重要になる。商品や部品の調達は、競合他社では買えないように独占購入をする、または自社開発する。印刷会社でも、差別化された印刷技術を提供する会社がある。たとえば、国内にも何台も入っていないような、最新技術をふんだんに使い、美しい色で印刷できる機械を導入する。

密着軸戦略の場合は、顧客への対応力が成功のカギを握る。したがって、ハードな独自資源は、高度な技術でなくとも、顧客が欲しいものを作るべく、色々なものを色々なところから持ってきて組み合わせる。そのためには、自社技術よりも、他社の色々な技術の知識とアクセスが必要になるので、ネットワークが重要になる。

商品や部品の調達は、顧客が満足すれば競合からでも買い付け、顧客仕様へと修正する。印刷会社でいえば、自社で印刷機を持っていない、ブローカー的な印刷会社もある。顧客の要望に合わせて、そのつどそれに最適な印刷設備を持った会社に発注するのである。

また、顧客の情報・取引履歴を管理し、営業担当者が把握しておくことは、他の差別化戦略をとる場合よりはるかに重要になるので、顧客データベースへの投資も必要だろう。

◎不要なハード資源は処分し、資産を圧縮する

ハードな独自資源である資産・土地などは、固定費負担がかかる。また、バランスシートの「資産の部」に載っていると、資産が大きくなる。昨今、ROA（Return On Asset、総資産収益率）を評価指標に使っている会社もあるが、ROA指標を改善するためには資産を圧縮したほうがよい。また固定費を下げるためにも、不要なハード資源は売ることを考えても良い。

長期的に見れば、すべての固定費は変動費化できる。設備は売れる、人は配置転換、再教育、最後の手段として辞めてもらうなどの手段がとれるからだ。経営者にとっては、固定費も長期的には変動費なのだ。だから、どの「固定費」を残して、どれを「変動費」にするかというのは、戦略的な判断になる。ただ、それはそんなに簡単ではないし、時間がかかるので、10年後を見据えるわけだ。

財務健全化のために固定資産を圧縮するといっても、どの資産を残し、どれを売却・処分するかは、差別化戦略によって変わる。密着軸型の戦略でいくならば、過大な製造設備を持つのではなく、顧客の好みに合わせて色々なところから買うということがいい場合もある。手軽軸型なら、ある程度の設備を持つことは、効率上必要になるだろう。持つべき固定資産は、財務戦略に従うのではない。財務戦略は経営戦略に従い、固定資産をどうするかも、差別化戦略によって決まる。

◎──差別化戦略は財務戦略にも影響する

だから差別化戦略とは、製品戦略・販売戦略ではなく、自社のバランスシートにも大きな影響を与える「経営」戦略なのだ。ちなみに、この話をあるIT企業の社長にしたところ、ひとしきり感嘆していわく、「この話を5年前に聞いていていたら、前の会社をつぶさなくてすんだかもしれませんでした……」とおっしゃっていた。単純な話ではあるが、奥が深いことなのである。

インターネット関連企業などは、戦場の定義によって持つべき資産は大きく変わる。自社でウェブサイトを作成、運営しているネット小売などは、自分を何屋と考えるか、つまり戦場をどう位置けるかによって、内部に残すべき資源と、アウトソースしてもよい資源が大幅に変わる。自社ビジネスを小売店と定義するなら、サイトの作成はアウトソースしてもかまわない。独自資源は営業力などにおくべきだからだ。そして営業部隊に投資すべきだろう。

しかし、自社ビジネスをシステム会社ととらえると、「小売実戦経験のあるシステム会社」となる。その場合は、サイトの作成力は自社に残しておくべき重要資源だが、小売を担当する販売員などは自社で持たず、派遣社員などにして変動費化してもかまわないかもしれない。その場合、小売店は利益の源泉というよりは、実験サイトとしての位置づけになるだろう。

少々極端な例ではあるが、このように、戦場のとらえ方、持つべき独自資源、強み・差別化ポイントは連動するのだ。そして、どのような固定資産を持つのかも、それによって変わるのだ。

ソフト資源は自社でじっくり育成する

ハードな独自資源は、ある意味、売り買いが簡単にできるし、金額の査定もしやすい。しかし、人や文化などのソフトな資源は、通常売買できない。人はカネで買えるという意見もあろうが、カネで買える人材は、カネで流出しやすいのも事実だ。だからソフト資源は自社でじっくり育成していく必要があるので、時間がかかる。だから経営者は、このソフト資源については真剣に、そして長期的に取り組まなければならない。

逆にいえば、ソフトな独自資源は、なかなか真似できない。スターバックスの店員の愛想のよさは、一朝一夕に組織に浸透させられるものではない。だからこそ、「独自」の資源なのである。

組織が持つＤＮＡのようなものは、そう簡単には真似できない。そのようなＤＮＡがまさにソフト資源だ。また、自社のビジネス経験も重要なソフト資源だ。経験はお金で買えない。組織として共有された経験は、語り継がれ、ＤＮＡとなる。

社員は、売上や利益、製品、広告くらいについては考えるだろう。しかし、ＤＮＡのようなソフト資源について考えが及ぶ社員はまずいない。経営者以外に考える人はいないのだ。

ソフト資源その１／組織・企業文化

3つの差別化軸と独自資源：ソフト資源

	手軽軸	商品軸	密着軸
知識・ノウハウ	マニュアル	開発力・先端技術・創造力	顧客の好みを知り尽くす
文化・人	マニュアルの遵守、効率重視	自由闊達・創意工夫	温かみ、気配り
組織	中央集権 上意下達	自由に動けるフラットさ	顧客に近い部署へ分権
経験	大量生産、大量販売の経験	新商品開発・販売経験	お客様の好みを聞き、組織へフィードバック
供給元との関係	大量に低価格で供給してくれる供給先	最高・最新のものを自社に優先提供	自社の顧客に応じ幅広い品揃えを提供
顧客との関係	とりあえずあそこなら無難という評価	最先端・最高を求める顧客からの評価	意見を言ってくれる常連顧客と、意見を聞く仕組み

では、ソフト資源について詳しく見ていこう。ソフト資源も、上のチャートのように、差別化戦略により異なる。差別化戦略と独自資源の一貫性が重要だ。代表的なソフト資源が組織や企業文化という「ヒト」に関わるものだ。

◎——手軽軸の組織と文化

手軽軸戦略の場合は、効率的な生産・販売のために、マニュアル化が重要になる。効率よくできる方法を研究し、マニュアル化し、全社員に守らせる。

マクドナルドのマニュアルはノウハウの固まりというのは有名な話だ。マニュアルがあるだけでは不十分で、それを社員がきちんと守らなければならない。

そのためには、中央集権的に命令が行きわたる組織体制になる。勝手に創意工夫されてマニュアルが破られては効率性が下がって困るのだ。だから社員も、独創的に勝手に動くよりは、きっちりてきぱきと動ける人のほうがいい。

顧客に対しては、回転率を上げるためにも、てきぱきと素早く対応する。ドトールの注文を受け、お金をやりとりし、コーヒーを受け取るまでの時間の短さは行くたびに毎回感心する。

顧客も、独自のサービスよりは、「いつでもどこでも同じ」サービスを受けられ均質性を期待する。マクドナルドで、ハンバーガーの味を自分向けに調節してくれることは期待していないのだ。

取引先は大きい会社で、安定的に低価格で供給してくれる会社になるだろう。

低価格・高効率を旨とする手軽軸では、てきぱきと効率よく働くことが性に合っている社員を採用するし、そのような雰囲気にあふれているので感化されていく。組織は上意下達だからコミュニケーションは上下のラインで発生する。いわれたことは期日までにきっちりと行う。手軽軸で差別化しているドトールの店員を見ると、芸術的な効率性でてきぱきと顧客対応しているのがわかる。

これが行きすぎると指示待ち族ばかりの会社になる。

◎商品軸の組織と文化

商品軸戦略の場合は、新しい発想、創造・想像力が重要だから、マニュアルは不要、雰囲気も自由である。新技術・独自商品を旨とする商品軸型の会社は、服装も自由、出勤時間もフレックスである場合が多い。

組織はフラットであり、地方分離型だ。広告代理店のデザイン部門（いわゆるクリエイティブ部隊）は、みなTシャツ、ジーンズは当たり前。顧客のところにもそのような格好で平気で行く人もいる。午前中はぼうっとしていても、夜が遅くなってくると爛々と目が輝き出す。音楽を聴きながら仕事をする。顧客に対しては、「こんなに画期的なことをやりましょう」と、新しいユニークな提案を次々に行う。顧客は、その高品質なサービスを受けるためには、お金をかける。

モスバーガーに行くときは、30秒でハンバーガーが出てくることなど期待しない。むしろ、出てきては困るのだ。ある程度時間がかかってもいいから、注文してから作り始め、手抜きなく調理し、おいしいものが出てくることを期待している。取引先も、高品質・最先端技術を提供するところになるだろう。

商品軸戦略の色が強い会社では、商品開発にまつわる武勇伝が存在する。たとえば、ソニーでは、小さい木の板を渡され、「この大きさで商品を作れ」といわれた。そんなことは無理だと思ったが、技術者のプライドにかけて、それより薄いものを作った」というような逸話が、色々なときに語り継がれ、ソニーの文化、そして会社の指針となっていく。

私もマーケターとして働いたクロレッツ、ホールズなどの革新的商品を次々に開発した菓子メーカーでは、恐らくは世界初の粒ガムのスティックパック（今は日本では一般的となったガム14粒入りの紙巻きパッケージ）の開発・マーケティングの武勇伝が語り継がれていた。そのような伝説が語り継がれ、新入社員もそれを何回も聞かされ、文化に染まっていくのである。

リクルートがこのような文化をうまくつくっている。入社後すぐに、商売のネタを探してビジネスにするプロデューサー的な役割が求められる。社員は自由に創造的に動き、色々なビジネスを創り出す。リクルートを離れた後も、様々なビジネスを立ち上げ、「あ、面白いビジネスモデルだな」と思うような会社には、リクルートの出身者が関わっていることが多い。

◎──密着軸の組織と文化

密着軸戦略では、顧客のことをよく知り、そのわがままにいかに応えるかが重要だから、顧客担当者（通常は営業部門）が全権を握る。他部門は、顧客の代理者である顧客担当者のニーズに応えることが重要になる。顧客に尽くそうという意思があふれた文化である。若干規則を逸脱したとしても、顧客のために独自に動くことが認められ、ほめられる。社員が指示待ち族では困る。

リッツ・カールトンでは、顧客へのサービスをする従業員に対して、「エンパワーメント」（権限委譲）を明確に謳っている。「従業員一人一人には、自分で判断し行動する力が与えられています。顧客の特別な問題やニーズへの対応のため自分の通常業務を離れなければならない場合には、必ずそれを受けとめ、解決します」という言葉が、「ザ・リッツ・カールトン・ベーシック」という企業理念において明確に語られている。

顧客と接する最前線に最高権力が与えられていなければ、密着軸での差別化はできない。他部署に「そんなリクエストには応えられない」といわせてはいけないのだ。

顧客は、とにかく自分の意見を聞いてくれて、それが反映されることを期待している。そのためには、お金・時間をかけてもよいと思っている。取引先は、顧客のわがままな希望をかなえるためにも、柔軟な対応をしてくれるところになるだろう。

顧客の希望を実現することを優先する密着軸戦略の会社は、気配りのできる温かみのある社員を採用し、そのような雰囲気にあふれている。男女問わず愛想がよいのも特徴、スターバックスの店員がその典型だ。温かい文化で、職場のあちこちで笑い声が起きる。

組織は、顧客に近い営業部門、顧客サービス部門が中心となり、その他の部門も顧客からの意見を非常に気にする。顧客のために役立ちたいという思いが会社にみちている。顧客のところに昼夜問わず入り浸り、接待なども含めて個人的な関係も築く。営業部にはこのような雰囲気のところが多いだろう。

差別化戦略別に組織と文化の典型例をわかりやすくするために、かなり誇張・単純化して表現しているが、それぞれの差別化軸の大体の雰囲気はおわかりいただけるだろう。文化やＤＮＡのようなソフト資源は、コントロールしにくいからこそ、経営者が強く意識する必要がある。

◎戦略の実行を主眼において組織を組み立てる

ここからソフト資源を管理していく方法について考えていこう。ソフト資源をコントロールしていくには、まず、組織である。組織は経営者が決められる。基本は、「組織は戦略に従う」ということだ。ベンチャー企業や中小企業の場合、「人に組織を割り振る」ということはありえる。しかし、その場合でも、「その人がいるからその組織がある」ではなく、「この戦略を実行するためにこの組織があり、この組織にたまたまその人がいる」という位置づけにするべきだ。そうしないと、問題が起きる。

端的にいえば、その人に辞められたら回らなくなるという問題だ。「その人がいるからその組織がある」とまでいわせられる人材であれば、他社でも評価されるだろうから、辞められる可能性は低くない。さらに問題なのは、その人材が、自分の価値を知っているがゆえに、やり放題やってしまい、組織の規律を乱すと、辞められるよりタチが悪い。短期的には属人的なスキルをフル活用するのはよいにしても、基本は戦略ありきだ。

そして、組織形態も3つの差別化戦略によって変わるのは前に書いた通りだ。たとえば、あなたの会社の営業部が「新規獲得」と「流出防止・顧客維持」の組織を分けているとする。営業部に新規獲得課と、顧客維持課があることになる。密着型戦略でいく場合には、新規獲得課を独立させるのではなく、顧客維持課の下に入れることを考える。なぜなら、新規獲得課を独立させておくと、顧客のよしあしにかかわらず顧客を獲得してしまいがちだからだ。密着軸戦略の場合には、自社にあった顧客を選び、長期的におつきあいすることが重要になる。どんな顧客でもいいから取ってくるという動き方をしてはいけないのだ。だから、新規獲得課は、顧客維持課がコントロールすべきなのだ。

逆に、手軽軸でいくなら、客数が必要なので、あまり顧客を選ぶ余裕がない。したがって新規獲得は独立させて自由に動かしたほうが良い。

このように、戦略に合致するように組織を組み立てていくわけだ。本書は競争戦略を主眼においているので、組織論にまでは踏み込まないが、組織は戦略に従うということは、組織設計の際に意識したほうがよい。

◎──人事評価で文化をコントロールする

次に考えるべきは、人事評価の仕組みだ。企業文化を変えるには、口酸っぱく何回もくり返して言葉で伝えることも重要だが、評価の指標を戦略に合わせて変えることも大切である。人事評価を変えるとなると、人事部、労務部、営業部などの部門横断的な施策となる。だから経営戦略は全社的なことであり、経営者の仕事なのだ。

財務畑や営業畑出身の経営者は、このような人事評価の設計は苦手だとおっしゃるかもしれない。しかし人事のプロである必要はない。具体的な制度設計は、人事部やコンサルタントにまかせてもいい。

しかし、「このような差別化戦略を実現するために、このような評価制度にする」という方向性と、その決意を示すのは経営者の仕事だ。人事評価の基準は、経営陣から社員に対しての強力なメッセージとなるからだ。

人事評価は、評価をするためのものではあるが、さらに戦略を徹底させるための道具なのだ。知り合いの人事担当者が話していたが、「チームワークをさらに強化するために、人事評価に『チームワーク』という項目を入れたら、社員の動きががらっと変わった」そうだ。会社の規模や社員の気風によってはそう単純にいかないこともあろうが、人事評価の影響力を端的に示す好例だ。ちなみに、その会社は東証一部上場の大規模な会社だ。非常に大きい会社においても、人事評価の持つ影響は大きい。

人事評価で重要なことは、制度の厳密性ではない。「その評価システム下で良い評価をとろうとすれば、それは戦略と一貫した行動になるだろうか？」という考慮だ。単純な話だが、営業担当者に売上債権の回収を意識させるためには、「売上債権が現金として入金された時点で売上として評価する」という仕組みにすれば、営業担当者は顧客に集金督促をするだろう。また、与信が危うい顧客に売ることを控えるだろう。しかし、営業担当者の売上を、「契約」「口約束」の時点で評価してしまうと、集金は自分の仕事ではないと思ってしまう。社員の心理を読むのだ

では、どのような人事評価をすべきなのか、例によって差別化戦略別に見ていこう。左のチャートを見ていただきたい。指標はあくまでも例である。

3つの差別化軸と人事評価指標の例

	手軽軸	商品軸	密着軸
基本指標	顧客数と効率性	新商品数とその成績	顧客の評価と維持率
売上指標	総顧客数 購買頻度	新商品の売上に占める割合	顧客維持率 期中の客単価
営業・マーケティング	顧客獲得数、購買頻度の高さ	新商品の売上に占める割合	顧客維持率 顧客意見吸上
開発・企画部門	生産効率の高さ 商品原価の低さ	開発速度 新商品売上	顧客からの評価 顧客維持率
生産部門	生産費用の低さ 信頼度(故障率)	新商品の品質満足度	顧客の品質満足度
店舗	顧客回転率、待時間の少なさ	新商品の売上	顧客からの評価 顧客維持率

密着軸でいく場合には、開発部門の評価も、顧客の満足度や顧客維持率で行う。開発部門がたとえば故障率などの別の指標で評価されると、営業部門が開発部門に「顧客にこういうニーズがあるのでこういう開発をしてください」といっても、それが故障率を上げそうであれば、開発部門が拒否するということが起きてしまうからだ。

もちろん部署によって具体的な評価項目は違うだろうが、開発→生産→販売という組織の流れすべてを、同じ考え方で評価することが重要なのだ。

すると、部門の垣根を越えて、「顧客の評価をいただくためにはどうすればいいのか」という会話が社内で自然発生するようになる。

これが、時間がたつにつれて企業文化となる。新入社員は入ったときからそのような文化に染められ、他社に真似できない「独自資源」となるのだ。

これは、基本的には経営者の仕事だが、しかし、部・課レベルの責任者でもできることはある。評価の指標を独自に作成すればよいのだ。あなたが東京営業課の課長であり、密着軸戦略をとるべきだと考えるなら、このように宣言すればいい。

「君たちの人事評価の項目はこうなっているので、私がいじることはできない。しかし、この『顧客対応』という評価項目は、私は『顧客の維持率・リピート率』と読み替える。また総合評価をする際に、売上だけでなく顧客の満足度を加えることにする。これは私が顧客のもとに伺ったり、電話したりして判断する」

といえば、あなたの意図はかなり明確にメッセージとして伝わるだろう。

◎社員表彰・社内資格は文化に大きな影響を与える

社員表彰もまた、社員の行動を戦略に沿って一貫させるための重要なツールだ。社員表彰の基準も、経営者から社員への強いメッセージとなる。

たとえば、顧客との長期的な関係を重視する密着軸での差別化の場合は、どのような社員を表彰をすればよいだろうか？　どの会社でも、新規顧客の獲得は大変なので、評価・表彰されることが多い。しかし密着軸の場合、既存顧客のサービスレベルを下げてはいけない。だから、顧客の満足度や顧客が自社サービスを使ってどのくらい成果が上がったかという基準での表彰をすれば、「既存顧客を大事にするぞ！」という経営者からの強いメッセージになる。ある外資系超有名金融サービスの会社では、「顧客からの感謝状をもらった営業担当者」を米国本社の社長が表彰した。これは、顧客サービスの重要性を社内に強く訴えるメッセージとなった。

新規顧客獲得だけを表彰すると、それは、「既存顧客からの売上はどうでもいい」というメッセージを知らず知らずのうちに発していることになる。そんなつもりはなくても、それでは顧客のケアをする社員の意識づけ・動機づけが希薄になり、顧客との長期的な関係が築けないのだ。

社内資格も差別化戦略に従う。お好み焼きソースで有名なおたふくソースが、「お好み焼き士」という社内資格を創設したという。お好み焼き店の経営知識等に加え、お好み焼きを実際に焼く技量も審査される。同社の売上の約半分はお好み焼きソースであり、お好み焼きの知識や技術自慢の社員も多いという。それを客観的に証明し、取引先であるお好み焼き店へアピールするのが狙いだろう。取引先のお好み焼き店にしてみれば、お好み焼き店のことを知る営業パーソンのほうが信頼できるからだ。

それ以上に私が意味があると考えるのは、社内へのアピール効果だ。「お好み焼き士」の資格は、「これから当社は、お好み焼き店への提案力を強化して差別化していく」という戦略を全社員に伝える強烈な「メッセージ力」を持つ。社内資格も表彰などと同様に、「我々はソースを売るだけではない。店主の信頼を勝ち取り、メニュー・経営などの提案を武器に差別化する」という経営意図を社員に明確に伝える手段でもあるのだ。このような提案営業力を持つ社員育成には時間がかかる。だからこそ、競合が真似しづらく、長期的な競合優位の源泉となる。そのための社員育成手段のひとつが社内資格だ。

商品開発力強化で差別化するなら、技術力・開発力の社内資格を設定するだろう。顧客満足度で差別化するなら、接客力・提案力を中心とした社内資格を設定するだろう。

たとえば、イトーヨーカ堂の社長に2006年9月に就任した亀井淳氏は、就任して早速「笑顔大賞」を創設した。氏の日経MJへの取材に対する発言を引用すると、「スキルアップも重要ですが、接客商売にとって笑顔は重要なので笑顔大賞をつくってよ、と人事本部長に頼みました」とのことだ。良いものを売るのは当たり前だが、少なくとも現場では、小売業の基本である「接客」、すなわち密着軸での差別化を再強化するという趣旨での「笑顔大賞」と解釈できる。

文化の醸成は粘り強くやるしかない

本書は組織論の本ではないので、組織や文化についてはこれくらいに留めておく。残念ながら、社員の動き方や会社の文化を一朝一夕に変える手法はない。経営者自らがその範を示し、地道に変えていくしかない。

経営者が交際費をバンバン落とせば、社員も真似するだろう。新幹線で移動するときに経営者が普通車に座れば、まさか社員がグリーン車で行けないだろう。社員は想像以上に経営者や上司の行動を見ている。言葉ではいくらでも美しいことはいえるが、社員は言動ではなく行動を見て、経営者の言動と行動が一致しないと納得しない。その意味で、社員の行動は経営者の行動の鏡でもある。

リッツ・カールトンでは、「クレド」（会社の理念）を書いた小さなカードを従業員に渡している。そのカードには、「リッツ・カールトン・ホテルはお客様への心のこもったおもてなしと快適さを提供することを最も大切な使命と心得ています」などの理念がまとめてある。

カードを従業員に渡すくらいは、どこのホテルでもできるし、事実やっているところも多い。だが、違うのは真剣さだ。リッツ・カールトン東京の副総支配人吉江潤氏は、リッツ・カールトンが素晴らしいサービスを提供できる理由はクレドにあるという。クレドを従業員が実際に行動として落とし込めるのは、「簡単で基礎的なことですが、ミーティングなどを通じて繰り返し話し合い、徹底して理解を深めます」「当社では毎日繰り返し確認することで、従業員同士の感覚のずれをなくします」と、単純だが地道なことを繰り返すことだという。文化の醸成に魔法はない。

楽天も、社員の行動規範が書かれたパウチカードを社員に配っている（ある人から私もいただいた）。つくるべき文化は戦略によって変わるので、リッツ・カールトンなどの文化そのものではなく、そのような文化を作った手法を真似るべきだ。そのような視点でリッツ・カールトンについて書かれた『サービスを超える瞬間』（かんき出版刊）を読むと、色々な手法が公開されていて参考になる。

◎経営者が積極的に「文化」について考えよう

あなたの会社・部署は、

①てきぱきした手軽軸型
②品質・技術に燃える商品軸型
③顧客への愛にあふれる密着軸型

のどの雰囲気だろうか？　よしあしではなく、戦略との適合性・フィットが重要なのだ。文化を変えるには長時間かかるし、そもそも人間の性格なんてそんな簡単に変わるものではないので、競合の真似はおいそれとはできない。だから「独自資源」となり、差別化戦略を長期的に下から支えるものとなるのだ。

もし、どれにもあてはまらず、まったく活気がないという場合は部下を責める前に経営者が組織を活性化する、文化を語り継ぐような行動をとっているかどうかを確認しよう。

組織の体制だけでなく、人の性格、文化、コミュニケーション、価値観なども差別化戦略主導で変わるということが、ここでのポイントだ。差別化戦略が先か、組織の雰囲気が先かは、卵と鶏のごとく難しいところだが、密着型の温かい組織・文化で、手軽型の戦略をすぐに実行することは難しいだろうし、その逆も同じだ。だからこそ、長期的に差別化できる、独自資源となるのだ。

このような文化を育て上げていくことは、経営者の重要な役割である。一定規模以上の会社であれば、経営者がこと細かに「こういう場合にはこうしろ」と指示を出すことはできないし、するべきでもない。しかし、戦略の方向性は組織としてベクトルを合わせたい。

そのようなときに、このような文化・ビジョンは極めて重要な役割を果たす。すべての従業員を命令やマニュアルで縛ることはできない。また、経営指針を唱えるだけでは行動は変わらない。このような組織の伝説などによって形成される「組織文化」は、社員の無意識の行動規範となるのだ。優れた経営者は、「どのような逸話を語り継ぐのか」ということまで考えるべきなのである。

経営者がモノの売り方を考えるのは大事だが、さらに重要なことは、戦略を考えることだ。そして、そのための人的・文化的なインフラをデザインし、その戦略を社員が喜んで行うような土壌・仕組みをつくることだ。

差別化戦略を実行するにあたっては、戦略を下から支える文化、組織、評価システムなどとの一貫性をとる必要がある。どの差別化戦略をとるかは、人事部などにも影響がある。このような全社的で部門横断的な決断ができるのは、経営者しかいないのだ。

◎同時に3つの文化・組織は持てない

このように、どの戦略をとるかによって、組織、文化、人事評価などがまったく違うし、そうなるように導くのも経営者の重要な役割のひとつだ。ひとつの文化を徹底することですら、簡単な仕事ではない。ディズニーランドやリッツ・カールトンのように、「顧客に尽くそう」という意識を全員に徹底的に植えつけるのは大変困難な仕事だ。だからこそ、誰もディズニーランドやリッツ・

カールトンを真似できないのである。

ハード資源である設備などは、買えばすむにしても、3つの軸すべてのソフト資源を同時に持つことは不可能に近い。それどころか、ひとつの文化すら持つのは難しい。ひとりの人間が、効率的に（手軽軸）、創造的に（商品軸）気配りを持って（定着軸）動くようなことはまず不可能だ。

さらに、人間の集中力は有限だから、二兎を追う者は一兎をも得ずということになりかねない。100のエネルギーを3つのことをやるために3つに分けたら、発揮できるエネルギーは合計100以下になる。逆に、「これだけやってくれ」といわれたときには、人間は集中できる。「効率的に、低コストでやってくれ」「とにかく良いモノを作ってくれ」「他のことはいい、顧客のことを第一に考えてくれ」という指示はわかりやすい。

しかし、「サービス品質は最高に、運営システムは効率的に、しかし顧客の前に出たら愛情を持って……」などという複雑な指示は、まず伝えられないし、評価もできない。そもそも、「顧客に愛情を持って接しろ」というひとつのことさえ、徹底するのは大変難しいことだ。だからこそ、「文化」は強力な独自資源になる。

手軽軸、商品軸、密着軸、どの文化を育てるにしても、ポイントはどこまで徹底できるか、だ。商品・サービスについては、2つの差別化軸を持つことは可能かもしれないが、組織文化については、ひとつの文化を組織全体に広めることすら大変な仕事であることは知っておいたほうがいい。

だから、戦略も絞ることが重要なのだ。「選択」と「集中」の意味はここにもある。

◎——ソフト資源その2／ブランド・企業イメージ

組織や社内文化などの、社内にあるものだけでなく、顧客のココロの中にあるブランドや企業イメージもソフトな独自資源だ。

ブランドというと、差別化ポイント・強みのように思われるかもしれないが、私はむしろソフトな「独自資源」だと考えている。ブランドの定義にもよるが、顧客から見ると、ブランドだから無条件で買うということはなくはない。ただ、現実的には「このブランドのこの製品だから買う」という、差別化ポイント・強みを側面支援する役割が大きいと私は考えている。ブランドが強みか資源かは議論の余地があるのは承知の上で、「資源」に分類したほうが、実際の使い勝手がよい。

独自資源としてのブランドイメージにより、差別化ポイントが信じやすくなった興味深い例に、「佐世保バーガー」がある。長崎県佐世保市が、２００１年に、02年の市政百年に向けて新しい観光振興策を考えているときに出てきたのがハンバーガーだった。03〜04年ごろからメディアにも取り上げられるようになり、定着しつつある。現にファミリーマートは06年7月から、「佐世保バーガー」の全国展開を始めた。

佐世保市がハンバーガーを選んだ理由のひとつが、佐世保の「米軍基地」のイメージだったという。「佐世保といえば基地」というのは、観光振興にはマイナスのイメージだが、それを逆手に取った。

佐世保＝米軍基地というイメージであれば、そこから、米軍基地＝ハンバーガーというイメージは、自然で違和感がない。佐世保＝基地＝ハンバーガーという図式は佐世保だから可能であり、他の都市ではピンと来ない。また、長崎県という「異国情緒」を連想させる県にあることもその意味ではプラス要因だ。

「ハンバーガーの都市」という差別化は、他の都市でもやろうと思えばできる。しかし、佐世保から連想するイメージがその差別化ポイントと強力な一貫性があるため、佐世保市に大きく有利になる。逆に佐世保が「日本ソバ」や「パスタ」をやろうとしてもピンと来ない。このように、佐世保から連想するイメージが、「独自資源」として、「ハンバーガー」という佐世保の「差別化ポイント」を、背後から強力にサポートするのだ。それは、一見表面には出てこないが、「佐世保バーガー」を、「佐世保（＝米軍基地＝）バーガー」という（　）内にあって、顧客のアタマの中で成立させやすくしている独自資源なのだ。

このように、顧客のアタマの中の入り込みやすさも、「独自資源」のひとつだ。

たとえば、ソニーは小型化に執念を燃やすＤＮＡのようなものがある。そして顧客もそれを期待している。吉野家が超高級焼き肉、スキヤキを展開してもピンと来ない。しかし、安くて早い、肉を中心とした立ち飲みバーなら、「ああ、吉野家らしいね」と受け入れてもらいやすいだろう。

ブランドは、時としてマイナス方向にも働く。ある夜、友人と食事の後にお茶を飲むということになった。あるファストフードチェーンが新業態として展開している落ち着いたカフェが近くにあることを知っていた私は彼をその店に誘った。

しかし友人いわく、「〇〇（そのファストフードチェーンの名前）なんか入るのはイヤだ」という。看板にそのチェーンの名前が入っているので、どうしても「カフェ」だとは信じられないというのだ。私は「君が知っている○○とは違うよ」と説得して店に入ったのだが、友人いわく、「たしかに、この店なら○○という名前さえなければ問題なく入ってたよ」ということがあった。

外から店内を見れば、落ち着いたきれいな雰囲気で○○とは違うということはわかるのだが、看板にその名前が入っていたから、かえって邪魔してしまったわけだ。ブランド（顧客のアタマの中にあるイメージ）という独自資源と差別化ポイントとの相性は重要なのだ。

◎我が社〝らしさ〟を出すことと〝絞る〟ことは同じ

「独自資源」にしても「差別化」にしても、あなた「らしさ」があれば、「独自」資源であり、「差別化」ポイントとなる。

ソニーが乗用車を作ったとしたら、きっと小型で高性能でシャープなデザインの車だろう。超大型車を作ったら、ソニー「らしさ」がない。ディズニーが乗用車を作ったら、きっと子供が乗って楽しいだろう。普通の形の普通の内装ではディズニー「らしさ」がない。アップルが作る乗用車は、すさまじくかっこよく、計器も見やすいだろう。

ちなみに、オーディオメーカーとして定評のあるONKYOが2007年3月にパソコン（HDC－1・0）を上市した。もちろん、音質および静かさにこだわったパソコンで、ONKYOらしい製品だ。ONKYOがとてつもなく速いことをウリにしたパソコンを出しても、ピンと来ない。

ONKYOらしくないからだ。

このように、あなた「らしい」ものにこだわることが、「絞る」ということだ。あなたが勝てる土俵（戦場）で戦うわけだ。「選択」と「集中」といってもいい。

ソニーの技術力やアップルのデザイン力が独自資源であり、そこから産み出される「小型で高性能のデジタルビデオカメラ」や「かっこいいパソコン」が「強み」になるわけだ。ソニーが製品の「堅牢性」、アップルがパソコンの「安定性」などで戦ったら、「らしくない」。顧客にも受け入れにくい。

規模が小さいほど、「らしさ」がないと勝てない。大規模の会社であれば規模の勝負、力勝負ができる。標準レベルの商品を営業力で売りまくることは、その是非はともかくとして可能だ。しかしあなたが強者でない場合には、あなた「らしさ」がなければ、つまり他と同じものを同じように売っていれば、顧客は無難なほう、つまり強者から買うだろう。

自動車メーカーの例で示したように、同じ競争ならば大きいほうが有利だ。規模の経済の優位性もある。だから、あなた「らしい」製品・サービス・売り方に「絞る」必要があるのだ。あなた「らしさ」を出すことと、「絞る」ことは、実は同じなのである。それが「選択と集中」ということだ。

もちろん、「あなたらしい」ものだけを追い求めると、市場が小さくなりすぎる、飽きられるなどのリスクはある。それゆえ「らしくない」分野へと進出する必要に迫られるかもしれない。しかし、そのときは、あなたが今まで頼りとしていた設備、人材、取引先などは頼りにならないことが多いことは注意しなければならない。新たな独自資源と強みの構築が必要になる。だから、新分野への進出は難しいのだ。

◎——一貫性をとるのは経営者の仕事

ブランドは、ある種の世界観だともいえる。スターバックスが典型だ。スターバックスはテレビCMをしないが、それでも、ある種独特の世界観が顧客のアタマの中に作られている。それは、店舗の雰囲気、BGMや匂い、店員の接客態度、扱っている商品の幅、コーヒーの味などから顧客が無意識に形作るモノだ。そして、それらがすべて一貫性を持っている。吉野家のブランドも、一貫したイメージがある。

これらの会社のイメージは、提供している価値と、製品・CM・価格などが一貫している。吉野家は典型で、「早い、うまい、安い」のコピーが示すように、

- **顧客に提供する価値：**スピード、費用対効果の高さ
- **製品・製品の提供：**早く、便利に、低価格で
- **CM：**早い、うまい、安い
- **立地・店舗：**回転率重視の好立地

と一貫性があるのだ。

重要なのは、商品・サービス、商品の提供方法、イメージなどの一貫性なのだ。一貫性をとるの

は、経営者の仕事だ。各部門の担当者は、自分がやりたいことをやりがちである。開発部門は作りたいものを作りたがる。広告部門はつくりたいCMを作る。店舗立地部門は作りたいところに店舗を作る。となると、部分最適の罠に落ちてしまう。

会社の各部門を指示・統率し、一貫した価値を顧客に提供するべくコントロールできるのは経営者だけだ。各部門長が、自主的に各部門の利益（自分の存在意義なども含む、広い意味の利益）を犠牲にし、全社的な一貫性を考えることはまずありえない。

各部門間の一貫性をとり、顧客に一貫した価値を提供するのは経営者の仕事だ。そして、それこそが、まさに経営者の主たる仕事なのだ。その結果として、素晴らしい「ブランド」が顧客のアタマの中に形成され、独自資源となるのだ。

◎──ソフト資源とハード資源の一貫性

ソフト資源とハード資源は別々に存在するものではなく、差別化軸を実現するための車の両輪だ。たとえば花王の「エコーシステム」は、顧客の声を聞くという密着軸戦略を支える独自資源として、ハード資源とソフト資源をうまく組み合わせている。

顧客の相談に対しての対応支援機能と、相談情報をデータベース化して共有し、全部門が活用して商品開発などに活かす仕組みだ。ハード資源であるITと、それを活用するという文化というソフト資源が噛み合い、顧客の声を活かすという密着軸戦略を実行する競争優位・独自資源になって

強み・ハード資源・ソフト資源の一貫性

	ドトール	スターバックス	
	手軽軸	商品軸	密着軸
顧客にとっての価値	手軽で便利なちょっとした休憩	おいしいエスプレッソ	ほっとする空間
強み・差別化ポイント（Strength）	早い・安い・便利 たばこが吸える	最高・最新の商品・サービス	顧客の顔を覚える従業員
ハード資源：設備（Asset）	駅前一等地に大量出店	高品質なエスプレッソをいれる機械	落ち着ける店の雰囲気
ソフト資源：文化・組織（Asset）	高効率な運営ノウハウ、従業員訓練	おいしいエスプレッソをいれるトレーニングシステム	愛想が良く、気配りのできる従業員

いる。

ドトールとスターバックスも、上のチャートのように、差別化ポイント、ハード資源、ソフト資源が見事に一貫している。

手軽さが差別化ポイントのドトールは、ハード資源は駅前好立地の大量出店、ソフト資源は高効率な店舗運営だ。商品軸のおいしさで「も」差別化しているスターバックスは、ハード資源は高品質なエスプレッソマシン、ソフト資源はおいしいエスプレッソをいれる従業員（バリスタ）教育ノウハウだ。

このように、一貫性が戦略のカギなのだ。

◎──短期戦術と独自資源の育成

短期的な打ち手と、独自資源の育成方向とを一致させることが重要である。10年後には、商品軸で差別化しようとしているのなら、今年出す新製品もその方向に沿ったものにすべきだ。開発力、営業力などをその線に沿って成長させていくためだ。そのときに低価格戦略の手軽軸をとっては、短期戦略と長期戦略が互いに打ち消し合ってしまう。密着軸で差別化するなら、今から営業パーソンの顧客訪問頻度を増やすようにすべきだ。10年後に突然密着軸型の営業ができるようにはならない。

このような10年後を見据える、短期と長期の戦略を一貫させるなどの長期的な戦略を考え、実行することは、経営者の役割になる。短期的な売上向上策や資金繰りを必死になって考えること〝も〟重要だ。しかし、それ〝だけ〟では足りない。経営者であるあなたは、短期的な売上と、長期的な戦略をなんとか一貫させなければならない。そうするように社員を引っ張るのだ。

そうはいっても、長期的には商品軸戦略でいきたいが、現在まだ商品開発力がそれほど高くないという場合もあるだろう。その場合でも、営業部に、技術力が高い製品を技術力が高いことを強調する売り方で売ることを優先させるという指示をすることはできる。たとえ今の商品は高品質でなくとも、広告を高品質イメージにすることはできる。または、他社の技術力が高い製品をＯＥＭとして仕入れ、高技術商品を売る練習をさせながら、売上を何とか作っていくという短期的なしのぎもできるだろう。

現状は過去の行動の結果だ。未来を変えるには、現在の行動を変えるしかない。その行動を変える指針が戦略なのだ。望む未来を手に入れるために、今やるべきことを考え抜くのだ。

今期の決算のための短絡的な売上を作りながら、差別化戦略のベクトルに会社を向けていくというのは簡単ではないが、経営者の仕事の醍醐味のひとつだ。経営者の仕事というのは本当に大変だと思うし、それをお手伝いする経営コンサルタントという仕事は、やりがいのある仕事だと今さらながらに感じている。

7 同じ差別化戦略で戦う競合にどう勝つか？

独自資源の強化、他のタイプでの差別化、違う差別化軸……5つの戦い方がある。

では同じ業種業態で、同じ差別化戦略で戦う競合がいたらどうなるのだろうか？　その場合、どのように差別化していけばよいのかを考えていこう。優先順位順に紹介していく。

◎——5つの戦い方

①差別化を支える独自資源を強化する

たとえば、ハンバーガーレストラン市場で、マクドナルドとロッテリアが同じ手軽軸戦略で戦ったら、結果は見えている。手軽軸（早い、安い）を徹底できる独自資源が強いほうが勝つだろう。1990年代のハンバーガーチェーン間価格競争ではマクドナルドの勝利に終わった。現在ロッテリアは商品軸戦略に活路を見い出そうとしているようだ。

ドトール、スターバックス、タリーズは、低価格コーヒーチェーン戦場で競合している。ドトールが手軽軸の早い・うまい・安い戦略をとっているのに対して、スターバックスとタリーズは、商品軸（おいしいエスプレッソベースの飲み物）と密着軸（フレンドリーな顧客対応）で差別化していると考えられる。事実、私が通い詰めているスターバックスのある店では、数人の店員が私の顔を覚えていて、「いつものでよろしいでしょうか？」と聞いてくれる。

真っ向から競合するスターバックスとタリーズの勝負では、まず勝負を決めるのは、同じ差別化軸での競争である。どちらがおいしいかという商品力（商品軸）の差と、どちらの店員が親しみがもてる（密着軸）で、どちらがより優れているかという勝負になる。

まったく同じ軸で戦う場合は、その差別化戦略を可能にする独自資源（Asset）の強さが勝負を決めることになる。長期的には、差別化そのものよりは、差別化を可能にする能力（独自資源）が勝負を決めるのだ。同じ軸で勝ち続けるためには、独自資源を長期的に改善し続けていくことが勝負を分けるのだ。スターバックスとタリーズは、商品の開発力・改善と、顧客密着力を高める社員採用、育成、トレーニングが勝負のポイントとなる。

ソニーがソニーであり続けるためには、開発投資を続けて圧倒的な技術力・小型化力・提案力を強化していかないと勝ち続けられない。さもなければ、携帯用音楽プレーヤーでアップルのｉＰｏｄに苦杯をなめさせられたように、追いつかれ、追い抜かれることになる。

逆に、追いかける立場にいる場合は、改善していけば差を詰められることになる。まったく同じ軸で戦う場合には、まさに「戦う」という言葉がふさわしく、「どちらがより高い価値を同じコストで提供できるか」という競争になる。

②同じ差別化軸の他のタイプで差別化する

・手軽軸には最低価格型と利便性型
・商品軸には最新技術型と最高品質型
・密着軸には顧客密着型とカスタマイズ型

と、同じ軸内にそれぞれ違う差別化の「タイプ」が2つずつある。違う軸同士の組み合わせよりは、同じ軸での違うタイプの組み合わせのほうが、顧客や社内に受け入れられやすいことが多い。

たとえばロッテリアが手軽軸戦略で戦うにしても、「最低価格」での競争でマクドナルドと戦い抜くよりは、「利便性型」の、たとえば宅配などを考えるという戦略もありえる。牛丼一本の頃の吉野家は、「最低価格型」（牛丼並盛り300円以下）でも、「利便性型」（早い、駅前立地、お弁当あり）でも高い価値を提供していたから一人勝ちだったわけだ。

パソコンのデルは、同じ手軽軸内の2タイプ、「最低価格型」と「利便性型」の両方を高いレベルで実現しているから、圧倒的に強い。安いパソコンなら秋葉原で買える。通販で便利に買えるパソコンショップもいくらでもある。しかし、「最低価格」かつ「高い利便性」という2つのタイプで優れているパソコンメーカーやショップはそうはない。だからこそ一人《ひとり》勝ちなのだ。

エルメスやルイ・ヴィトンなどの高級ブランドバッグは、高品質なのはもちろんだが、新しい流行（ある意味での最新技術）もつくり出している。商品軸戦略の2つのタイプ「最高品質」と「最新技術」の両方を実現しているのだ。

皮革ブランドのコーチは、90年代半ば頃までは伝統的な品質で勝負していた「最高品質型」のブランドだったが、90年代後半から、先端的なデザイン（つまり最新技術型）にも力を入れ始め、2000年の「シグネチャーコレクション」（Cの字をあしらった大胆なデザイン）でブレイク、流行創出ブランドとなり、大ヒットした。つまり「最新技術型」でも強くなったのだ。

このように、同じ軸内のもうひとつのタイプを取り入れるのは、非常に強力な戦略になりうる。

③違う差別化軸で差別化する

基本的には、ひとつの差別化軸で勝負するべきだ。しかし、同じ差別化戦略で差別化し続けても、ある一点を超えると、あまり意味がなくなることがある。

たとえば一時期、写真の現像時間のスピード競争が起きた。スピードという手軽軸での競争だ。現像時間が60分から45分になるなど、店名もその数字を冠するようにまでなった。しかし、60分が5分になるならともかく、60分が45分になっても、顧客があまり意味を感じない。60分であろうと45分であろうと、店内でじっと待てる時間ではないのだ。他の用をすませてからまた来る、という意味において、60分と45分に「体感」できる差は少ない。

そうなると、60分が5分になるような、つまり「店内で待てる時間」になるようなブレイクスルーが起きるまでは、商品軸か密着軸へと競争の軸が移動することになる（写真現像の場合は、その前にデジタル化というまったく違う技術革新が起きてしまった）。

マクドナルド、モスバーガー、フレッシュネスバーガーなどは、基本的にはファストフードなので、「早い、安い、十分にうまい」という手軽軸で競争している。しかし、その中でも、モスとフレッシュネスは、商品軸で手軽軸のマクドナルドと差別化している。

ロッテリアが厳しい状況にいるのは、手軽軸にはマクドナルド、商品軸にはモスとフレッシュネスという強者がいるからだ。この場合、最悪なのは手軽軸でも商品軸でも中途半端に終わってしまうことだ。ロッテリアが商品軸で戦うのなら、モスバーガーもフレッシュネスも上回る商品力が必要だ。それが無理なら、ハンバーガー戦場で戦うのは厳しい。

④差別化軸の組み合わせで勝負する

複数の差別化軸の組み合わせで勝負することが可能なときもある。美容院の例でいえば、商品軸、つまりカットやパーマの腕で差別化している美容院でも、密着軸での価値を高められるだろう。顧客データベースを充実させ、前のカットや好みを記録し、さらに流行に合わせていく提案をすればよい。密着軸で勝負している店でも、商品軸、たとえば違うサービスを提供して差別化することもできる。私が通う美容院には、頭皮を洗うマシンがある。行くたびに頭皮を洗い、マッサージしてもらうわけだが、このマシンが置いてある美容院は他にあまりないので、密着軸に加えて商品軸でも差別化されていることになる。

スーツ店でいえば、イギリスやイタリアの生地を使った高級品を売る商品軸型のスーツ店でも、顧客に合わせたコーディネート提案やオーダーメードをする密着軸型の方向を向くのか、良いモノを安くという手軽軸に向くのかで大分展開は異なる。

銀座で行列ができる超有名店、イタリアンレストラン「ラ・ベットラ・ダ・オチアイ」は、落合シェフの非常においしい料理という商品軸型で差別化しているが、さらにそれがリーズナブルな価格（07年現在ディナー3990円）で食べられるという手軽軸での価値も高い。だから予約がとれない店になるわけだ。ひとつの軸を極め、さらに他の軸も強めれば、強力な差別化戦略になる。

⑤戦場を変える

3つの差別化軸、6つの差別化タイプのどれでも戦えないという場合には、いっそのこと戦場を変えてしまうという手もある。ファーストキッチンは、ゆでたてパスタやピザという商品を提供し、「ファストフード戦場」というよりは、「レストラン戦場」に戦場を変えた。

忘れがちなのは、戦場を変えると、そこには今までと異なる競合がいるということだ。あなたの新規戦場は、他人の既存戦場なのだ。ファーストキッチンの場合、パスタを提供するプロントなどが競合になろう。また、イタリアンレストランなどとも競合するかもしれない。その場合には、ファストフード業態で培った「スピード」という手軽軸で差別化できることになる。戦場が変われば、差別化ポイントが変わるのだ。

ネットに進出するというのも、戦場を変える手法のひとつだ。一気に市場を全国に広げられる。しかし、競合も全国規模となることを忘れてをはいけない。ネット戦場で戦う場合は、全国規模での競争に勝てるだけの強みが必要となる。

8 3つの差別化軸とプロダクトライフサイクル

市場・顧客の状況、
プロダクトライフサイクル上の位置によって、有効な差別化戦略が変わる。

◎プロダクトライフサイクル上の位置と有効な差別化軸

この章の最後に、プロダクトライフサイクルと3つの差別化軸について説明しておきたい。プロダクトライフサイクルをご存じない方のために簡単に説明しておく。製品・サービスなどにも人生と同じように、誕生～成長～寿命による死というサイクルがあるというもので、

①導入期：提供者が少なく、先進的な購買者が購買
②成長期：提供者・購入者が増え、市場が成長
③成熟期：多数の顧客に行き渡り、価格競争激化
④衰退期：ニーズが減少し、撤退が増える

という4つのステージを経るというセオリーだ。たとえばVHSのビデオデッキなども、ベータと争った導入期、その後順調に成長・普及し、ほぼ全世帯に行き渡った頃に価格競争が激化し、今

ではDVDやハードディスクレコーダーに押されて衰退というサイクルを経ている。

これと3つの差別化戦略の関係を考えてみると、必ずしも厳密ではないが、経験的には以下のようなことがいえる。

導入期においては、商品軸の最新技術型の戦略が有効である。新しい商品カテゴリーが産まれると、新しいモノ好きが最初に飛びつく。それは、最新技術型のターゲット顧客なのだ。

成長期においては、手軽軸の差別化戦略が有効であることが多い。市場が伸びるので生産量が増えるからだ。商品が普及していく過程では、低価格化（最低価格型）と、便利に入手できる（利便性型）ことが重要なのだ。

成熟期になると、一通り行き渡り、高級製品と普及品に分かれてくる。すると、商品軸の差別化戦略、とくに「最高品質型」が有効となる。「とくに良いモノ」を求める層が現れるからだ。ハンバーガー市場でのモスバーガー、フレッシュネスバーガーの人気はそれを象徴している。さらに導入期・成長期を経て、顧客の目が肥え、「自分のわがままをかなえたい」という顧客が増える。すると密着軸の戦略も効果的になる。その一方で、「安いほうがいい」という顧客が数としては多く存在するので、「最低価格型」の差別化戦略も有効だ。成長期〜成熟期にかけては、色々な会社が様々な差別化戦略をとり、棲み分けることができる。

衰退期に入ると、顧客数が減り、こだわりのあるマニア層が残る。そのような顧客はわがままなので、商品軸の最高品質型と密着軸での戦略が有効になる。

ここまで典型的な業種はそんなに多くないかもしれない。しかし、業種が若い間、すなわち成長期くらいまでの間は、ひとつの差別化軸で十分に差別化できることが多い。しかし、業種が成熟するにつれ、軸が入り乱れた競争になっていく。パイが大きくならないために、それぞれが競争しようとすると食い合いになるからだ。

たとえば、低価格コーヒーチェーンにおいては、90年代半ば頃まではパイオニアであるドトールコーヒーの独壇場であった。180円でいれたてのコーヒーという当時の売り文句が示すように、「手軽軸」だけで十分差別化できていた。それがスターバックスが日本に1号店を開設した96年頃からは、コーヒーの味、店の雰囲気などの「商品軸」での競合も起き始め、それに対応するようにドトールもイタリアンエスプレッソの新業態「エクセルシオール・カフェ」を99年から出店。現在では食事のおいしさなどの商品軸での新たな競合も含め、「手軽軸」だけで差別化するのは困難になってきている。

当然のことながら、市場・顧客の状況によって適した差別化戦略は変化するのだ。

ここまで差別化戦略を解説してきた。3つの差別化軸、6つのタイプを体感し、身につけていくには、たとえば日経新聞や日経ビジネスなどで紹介される企業の戦略を、この軸・タイプで切ってみるのがよい。やってみるとおわかりになるだろうが、この3つの軸、6つのタイプのどこかに大体あてはまる。ぴったりとはいわずとも、どこかの分類に入るだろう。私の経験では、9割方はどこかに分類できる。この3つの軸、6タイプは、他業種からヒントを得るときや競合の動きを分析するときなどに非常に使い勝手の良い実戦性の高いツールだ。

COLUMN

独自資源は買えるか?

本書は、競争戦略の本なので、M&A戦略などのいわゆるコーポレート戦略までには踏み込まない。しかし、独自資源を手に入れるという意味で、他社を買うということはありえる。逆にいえば、他社を買うときに、自社との相乗効果（シナジー）を狙うのであれば、それは自社の独自資源にとってプラスとなるのか、マイナスとなるのかは吟味する必要がある。

設備、商品、ブランド、店舗、工場などの資源は、客観的に相乗効果を評価しやすい。九州に店舗を持っていない会社が、九州に店舗を多く持つ会社を買うというのはわかりやすい。医薬品のグローバル会社が薬品のブランドを手に入れるために他社を買うということは頻繁に起きている。

問題なのは、ソフトな資源、とくに人・文化だ。人や文化を買うことはできない。買収される会社にいる優秀な人材は、文化の衝突などを嫌い、脱出することも多い。優秀な人材ほど移動性が高いので、肝心の人材が手に入れられないというのがM&Aの大きな問題のひとつだ。

さらに残った人材も、一朝一夕に行動様式を変えることは難しい。買収した先の会社の文化を変えることに成功している例もあるので一概にはいえないが、ソフトな資源を買うことは非常に難しい。だからこそソフトな独自資源に基づいた差別化は長期的な優位性を産みやすいのだ。

この章のまとめ

差別化するとは、競合より高い価値を顧客に提供すること。

差別化は、競合との比較における相対的なもの。

手軽軸（早く安く便利に）、商品軸（最高品質・最新技術の商品・サービス）、密着軸（顧客に合わせた製品・コミュニケーション）の3つとも同時に行うことはできない。

手軽軸型の2タイプ：「とにかく安く」の「最低価格型」と「便利に入手できる」の「利便性型」。

商品軸型の2タイプ：「新しさ」重視の「最新技術型」と、新しさにはこだわらずに商品・サービスの良さを追求する「最高品質型」

密着軸型の2タイプ：顧客との関係・コミュニケーションを重視する「顧客密着型」と、モノを顧客の好みにあわせて選べるようにする「カスタマイズ型」。

ひとつの軸で競合に明らかに勝ると同時に、他の2つの軸でも平均点以上を取る。

差別化の3つの軸を長期的に支えるのが「独自資源」で、独自資源と差別化軸は連動する。戦略BASiCSの各要素の一貫性が重要

独自資源には、設備などの「ハード資源」と、人や文化などの「ソフト資源」の2つがあり、とくに「ソフト資源」は買えないので競合優位を作れる。

組織・文化・社風などの人事戦略、固定資産への投資のための財務戦略なども差別化戦略に従う。それを考えるのは経営者の役割。

STEP 4

Customer

すべてを顧客の「価値」に合わせる

1 すべては顧客から始まる

商売の根幹はカネと顧客だ。利益は売上より生まれ、売上は顧客が決める。だから、ビジネスは顧客から始まる。

◎経営の基本は顧客

戦場、独自資源、強み・差別化ポイントと、戦略の5つの要素のうちの3つまでを考えてきた。そして、様々なチェックポイントや考え方を紹介してきた。次は、いよいよ、「顧客」という経営で最も重要な要素を見ていくことにしよう。

経営の基本が顧客だということは、強調してもしすぎることはない。経営を成り立たせていくためには、売上と利益が必要。そしてその売上を決めるのは、顧客の評価・支持だ。だから、ビジネスは顧客から始まる。そして顧客の視点で、経営を、商品・サービスを見ていく必要がある。

◎「顧客視点」は常に意識しなければできない

そんなことは当たり前だといわれるかもしれない。では御社の会社案内やウェブサイトをご覧いただきたい。どんな表現が使われているだろうか？　ほぼ間違いなく、「当社は○○年に設立され……」「事業概要は……」「弊社の製品は……」「当社が提供する……は……」という、主語が「自分」の文ばかりだろう。ウェブサイトについては工夫している会社もあるが、会社案内については、ほぼ間違いなく、主語が一人称、つまり自社であることが多い。

「会社」案内だから会社の紹介でいいだろうといわれるかもしれない。では、会社案内は、誰のために作っているのか？　自社の社員向けならば主語は一人称複数（WE、わたしたち）でいい。

しかし顧客用の会社案内なら、主語は、もしくは少なくとも目的語は顧客であるべきではないだろうか。「お客様であるあなた様には、このサービスはこう役立ちます」「御社の顧客対応力をアップさせます」「あなたの仕事がこのようにラクになります」という顧客視点の表現であるべきだ。

会社案内がリクルート用ならば、「当社で働くと、あなたはこのように成長できます」「あなたはこんなに良い環境で働けます」と、主語はやはり二人称になるだろう。会社案内やウェブサイトという顧客が見ることを前提としている媒体でさえ、顧客視点になっていることは極めて希なのだ。それほど顧客視点になるということは難しいことなのだ。

慣用的に、我々は「請求書」というものを送る。「請求」の主語が誰かを考えてみていただけないか？　そう、自社である。自社が御社に請求するのが請求書だ。「請求書」を受け取る顧客にしてほしいことは「お支払い」なのだから、顧客視点に立てば、これは「お支払い書」であるべきなのだ（ビジネス慣例上は変だろうが……）。顧客視点がしみついていれば「請求書」という言葉になあ。コーヒー飲みたい」「あ、これ楽しいぞ」「ちょっと疲れたなあ」「この本、役に立ちそうだ」などなど、一日に色々な思考が頭の中をよぎるだろう。メモを取ったり、独り言を録音したりするとわかるが、そのほとんどは、主語が「自分」だ。自分にとってどうなのかと本能的に考えてしまうのだ。だから、常に顧客志向を意識しすぎるくらいでもまだ足りない。

左ページを見ていただきたい。私は、こう書いたメモを机に貼っている。付箋紙にマジックで大きく書いてもよい。私が一番意識することは、「迷ったら顧客に戻る」ということだ。

・顧客にはどのようなメリットがあるか？　それに対していくらまで払うか？
・この表現は顧客に伝わるだろうか？
・この商品は顧客に使いやすいか？

などを常に意識するのだ。

中小企業の倒産原因の65・8％は販売不振、つまり「売れない」ということだ。その真の原因は、顧客の立場に立っていないということだと思う。経営は顧客に始まる。顧客の支持を得れば、ビジネスが立ち上がる。そして顧客に終わる。顧客の支持を得られずに倒れていく。顧客さえ味方についていれば、大抵の苦境は乗り切れる。顧客の支持が得られなければ、どんなに優秀な従業員がいようが、どんなに株主が支持しようが、結局はダメになるのだ。

違和感を感じていい。

経営やマーケティングということ以前に、人間は、常に主語は自分になるものだ。あなたの悩みのほとんどは「私」についての考えが占めている。「おなかが減ったなあ。何食べようかな」「眠い

常にお客様を意識する

お客様の
視点で！

2 自社の強みが活きる顧客を選ぶ

顧客をうまく絞れば売上は上がる。ターゲットを広くすればするほど、顧客にとっては「自分との関連性が薄くなる」からだ。

顧客を絞らなければ負ける

では、一体顧客とは誰か？　私が以前働いていたＮＴＴは法律であまねく公平に電気通信サービスを提供することが義務づけられていたが、そのような例を除けば、全員が顧客ではない。ＮＴＴでも、顧客の優先順位はあるだろう。全員が顧客になることは、まずありえない。

あなたの顧客は誰であろうか？　きっちり絞られているか？　そういうと、「絞ったら顧客数が減って売上が下がる」という意見が必ず出てくる。本当にそうだろうか？

たとえば、今日１人で昼食を取りにいくとする。あなたは、

- **男性用の店**（ボリュームがあって、しっかりした食事が取れる店）
- **女性用の店**（量は少ないが、デザートやサラダが充実している店）
- **とりたてて特徴のない店**

このうちのどこに行くだろうか？　男性なら多分男性用の店に行くだろう。女性なら女性用の店に行くだろう。男性も女性も狙う特徴のない店は、絞ってきた競合に負けるのだ。

顧客は絞るのが鉄則だ。その理由は単純で、絞ってくる競合が存在するからだ。ビジネスは一人でやっているのではない。競合が存在する。多く売りたいからといって、顧客を広くしすぎると、絞っている競合に負けるのだ。顧客についても「選択」と「集中」は重要だ。

また、一時は絞らずに成功しても、競合が多い現在では、儲かる市場には必ずといっていいほど、顧客層を絞って参入してくる会社が出現する。それは理に適っている戦略なのだ。たとえば、ハンバーガー市場を切り開いたマクドナルドに対し、「高くてもおいしいハンバーガー」を求める顧客層に、モスバーガーが「健康的でおしゃれなハンバーガー」を求める顧客層にフレッシュネスバーガーが切り込んできたのがその例だ。

百貨店が苦戦しているのは、文字通り「百貨」だからで、洋服の専門店、玩具の専門店、専門化してくる競合に対して十分に競争できないというのが大きな理由のひとつだろう。通信市場を独占していたＮＴＴに対し、通信が自由化されたら、儲かる長距離市場に絞って各社が参入し、ＮＴＴは苦戦を強いられた。結局現在は長距離会社は分離されている。だから、顧客は絞る必要がある。すべての人に対して満足していただけるなどできるわけがない。

たしかに、理論的には、絞れば市場は小さくなる。しかし、絞ったら売れないときは、絞り方に問題がある場合が多い。

顧客を絞って売上を伸ばした好例が、前述の国内アイスクリーム市場2位のハーゲンダッツだ。

女性の「ご褒美需要」やプレミアムアイスクリームを求める顧客へと、かなり絞り込んでいる。それでも、顧客の数では圧倒的に勝るであろう競合メーカーよりシェアは上であり、シェア1位のグリコに肉薄している。日本酒の久保田も、日本酒にこだわる層に絞って、トップブランドを維持している。スターバックスも全面禁煙と顧客を絞っている。

強豪ひしめく「新宿百貨店市場」という戦場での勝者は伊勢丹だ。伊勢丹の絞り込みは20代、ファッションなどに敏感な層だ。善戦しているのが新宿で売上3位の京王百貨店だ。若者に絞る伊勢丹に対し、京王百貨店はシニアに絞って好調な売上を維持している。逆にターゲットを絞りきれない他社は苦戦しているという構図になっている。

松下電器の食器洗い乾燥機、「NP－BM1」は06年12月～07年1月でシェアトップ（GfKジャパンPOSデータ）と、順調に売れている。ターゲットを20代～30代の主婦に絞っているにもかかわらず、だ。幼児のいる20代～30代の主婦の間でニーズが高いことがわかり、それまで幅広い世代に訴求してきた方法を変えたのだ。キャッチコピーはずばり「新・子育て家電」とし、広告も育児関連雑誌などに出している。社内では「絞りすぎだ」という意見がは出たらしいが、やはり絞ったのが功を奏し、シェアトップに躍り出た。

顧客のベネフィットと無関係な絞り方をすると市場をいたずらに小さくする。しかし、このようにうまく絞ればむしろ売上は上がる。なぜかというと、ターゲットを広くすればするほど、顧客にとっては「自分との関連性が薄くなる」からだ。「便利な食器洗い機です」では訴求力が低い。ターゲットを絞り、「小さい子供のいるあなた、家事が大変ですよね。だから……」としたほうが、小さい子供のいる主婦は「私のための商品なのね」とピンと来る。ターゲットを広げるとかえって売れなくなるリスクもあるのだ。

◎——顧客を割り切る

絞るということは、絞った顧客以外の顧客には売れなくてもいいと割り切ることだ。もちろん絞った顧客以外にも、問題がない場合には売ればいいし、別に顧客を足蹴にしようといっているわけではない。

顧客を割り切るというと、「顧客を不平等に扱うなんて問題だ！」という意見が出てくることがある。しかし、その発想自体が問題である。何回もいうが、絞らなければ、絞ってきた競合に負ける。そして自分が売りたくない顧客や、自社が得意としない顧客に売ることは、非常にエネルギーを消費する。営業をやったことがある人ならおわかりだろうが、営業パーソンは時間だけでなく、その「エネルギー」も有限だ。強みが活きない顧客に売るのは、非常にエネルギーを消耗し、そのエネルギーが尽きると、冗談ぬきに燃え尽きてしまう。このような現場を考えない戦略には意味がない。

さらに、顧客にとってもそれは不幸なことだ。たとえばスターバックスが中高生であふれ返り、騒々しかったとしたら、落ち着いてコーヒーを飲みたい大人は来ないだろう。大人っぽい雰囲気の店でゆっくり静かにコーヒーを飲みたい顧客にとっては、騒々しい顧客は迷惑なのだ。

顧客を絞ることとは、倫理的にも悪いことではない。自分が本当に尽くしたい顧客に尽くすために、他の顧客は割り切るということだ。女性の顧客に絞るために、量を少なめにするイタリア料理店は、結果的には男性の顧客は寄せつけないが、それは悪いことなのだろうか？　デパートに入っている高級ブランド店には、店に入ることすら気後れしてしまう人もいるだろうが、それは悪いことをしているのだろうか？　そんなことをいい出したら、飛行機のビジネスクラスも新幹線のグリーン車も悪いことをしていることになる。

顧客を絞るのは、経営者の仕事だ。それは、社員にはできない。「その顧客のところには行かなくていい」とは、それがいえる権限を持っている人以外にはいえない。

また、これも営業をした経験や営業を統括した経験がある人にはわかるだろうが、営業パーソンとは、「行くべきところに行く」わけではない。何も指示がなければ、営業パーソンは、「行きたいところに行く」のだ。

用がないのに行っても「やあ、よく来たね～」といわれてお茶の一杯でも出してくれる。人間関係ができているところに行きたくなるのが人情だ。逆に、自社が食い込めれば大きい売上・利益が上がりそうなのだが、競合ががっちり押さえているところには、行くべきなのだが行きたくない。競合の営業担当者との人間関係が濃密なために、行っても追い返されるので、足が遠のいてしまう。

左のチャートでみれば、右上の顧客には訪問頻度などの投入資源は減らすべきだ。私も経験があるが、営業パーソン自ら「この顧客には行くべきではありません」とはまずいわない。だから、経営幹部がいわなければいけない。

行くべきお客様と
行きたいお客様

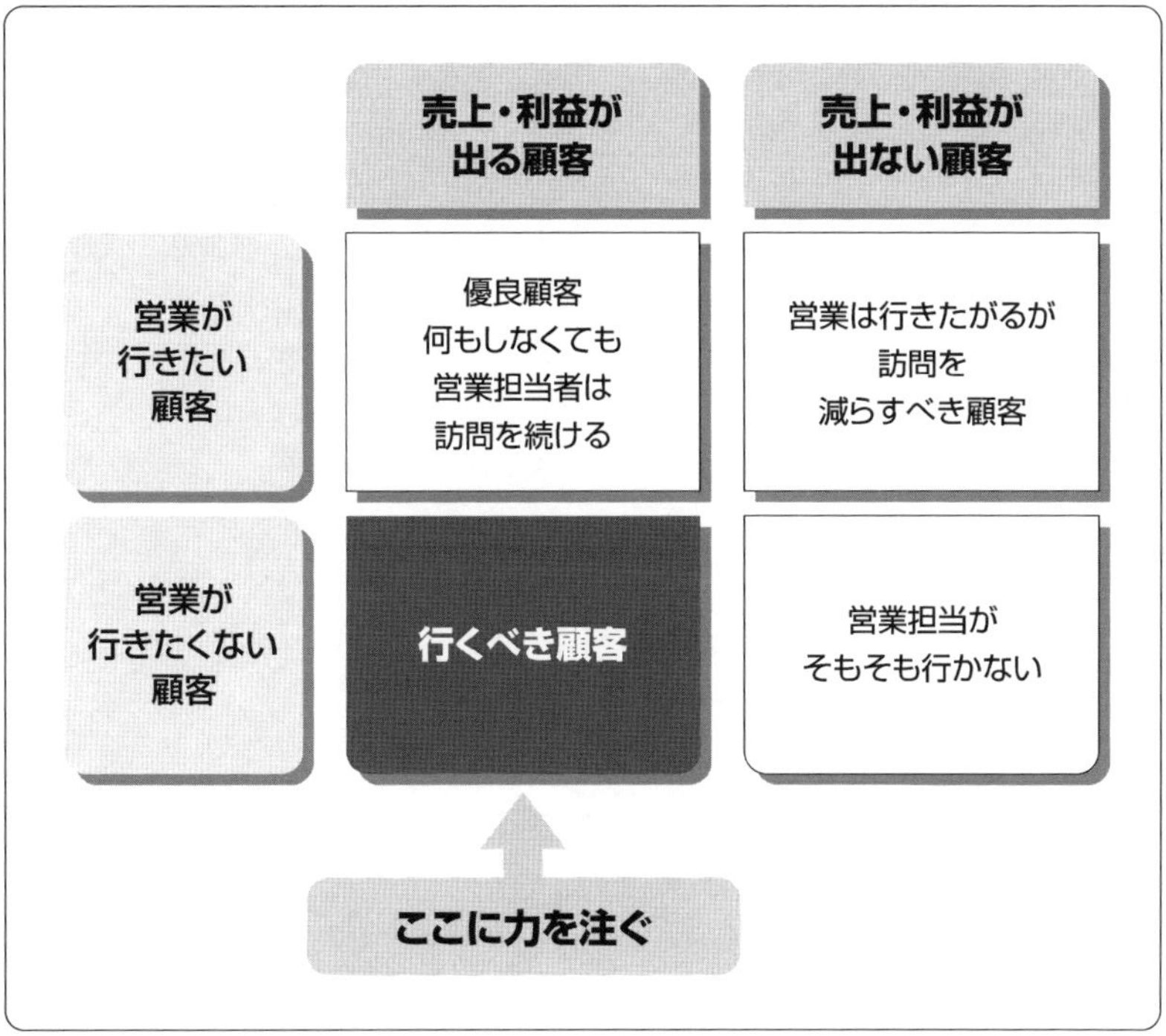

そして、それをいうためには、まずは行くべき顧客と、行くべきでない顧客を把握している必要がある。さらに営業パーソンがどの顧客を訪問しているかを把握している必要がある。両者のデータさえきっちりしていれば、どの営業パーソンが行くべき顧客に行っているか、いないかがわかる。

本書の主題とは若干ずれるので詳細は避けるが、これは非常に価値がある分析である。このような分析は、外部者にお金を払ってでも行うべきだ。営業パーソンにかかっている人件費などのコストを考えれば、その1割でもお金を払って営業戦略をきっちり立案するだけの価値はある。

繰り返すが、ターゲットではない

顧客を足蹴にして「来るな」といえ、といっているのではない。ターゲットでない顧客に売れれば儲けもの、くらいに割り切るということだ。

絞るのは怖いからこそ戦略的に考える

もちろん、むやみやたらと割り切ればいいわけではない。絞るのはリスクが高い。そして何より、絞り込むのは怖い。勇気がいる。だから、徹底的に考える必要がある。そのために、戦略ＢＡＳｉＣＳというツールがあるわけだ。

顧客にとっての価値を中心に考え、戦場、独自資源、強みをきちんと考えて顧客を絞り込めば、リスクは低減できる。戦略ＢＡＳｉＣＳはリスク軽減のためのチェックリストでもある。絞らなければ絞った競合にどうせ負けるのだから、結果は悪くならないはずだ。基本的には自社の強みが活きる顧客を選べば、そんなに間違った選択にはならない。

3

どのように顧客を分けて狙いをつけるのか？

絞るということは、分類して狙うこと。
分類することがセグメンテーション、狙うことがターゲティング。

◎――セグメンテーション＝顧客を分類する

具体的にどう顧客を絞るか見ていこう。顧客を絞るという行為は2つに分けられる。顧客をいくつかのグループに分けることと、分けたお客様のグループのどれかに狙いをつけることだ。

基本的な用語を説明しておくと、顧客をグループに「分ける」ことがセグメンテーションと呼ばれる。分けられた顧客のグループは、「顧客セグメント」と呼ばれる。そして、特定のセグメントを「狙う」ことが「ターゲティング」だ。

絞るということは、分類して狙うこと。分類することがセグメンテーション、狙うことがターゲティングだから、セグメンテーションとターゲティングは常にセットで使われる。分けなければ狙えないし、狙わないのであれば分ける必要がないからだ。くどいようだが、なぜ絞らなければならないかというと、絞らなければ絞った競合に負けるからだ。

セグメンテーションとは「分ける」ことだ。市場＝顧客の集合だから「市場セグメンテーション」「マーケットセグメンテーション」などと呼ばれることもあるが、同じことである。決算書や事業報告書に書かれる「事業セグメント」とは違う。その場合は、事業の内容という意味だが、ここでは顧客のグループを意味する。

顧客を分ける理由は、人によって求めるベネフィットが違うからだ。たとえば、腕時計に求める価値は、人によってまったく違う。あなたは今どのような腕時計をされているだろうか？

・正確性が欲しくて、電波時計
・電池交換をしなくてすむので、ソーラー駆動型
・邪魔にならない、軽くて薄い時計
・結納返しに記念性を求めた高級時計
・見せびらかしたいから誰もが知ってるブランド時計
・コレクション性を求めて、知る人ぞ知るマニアな時計

これだけ求める価値が違うと、１つの時計ですべてのベネフィットに対応することはできない。だから、顧客を分けて対応し、それぞれのベネフィットに合ったものをつくることになる。顧客のベネフィットが違うから、分けて対応しようというのがセグメンテーションの考え方なのである。

◎――性別・年齢によるセグメンテーションの限界

これは何の数字でしょう?

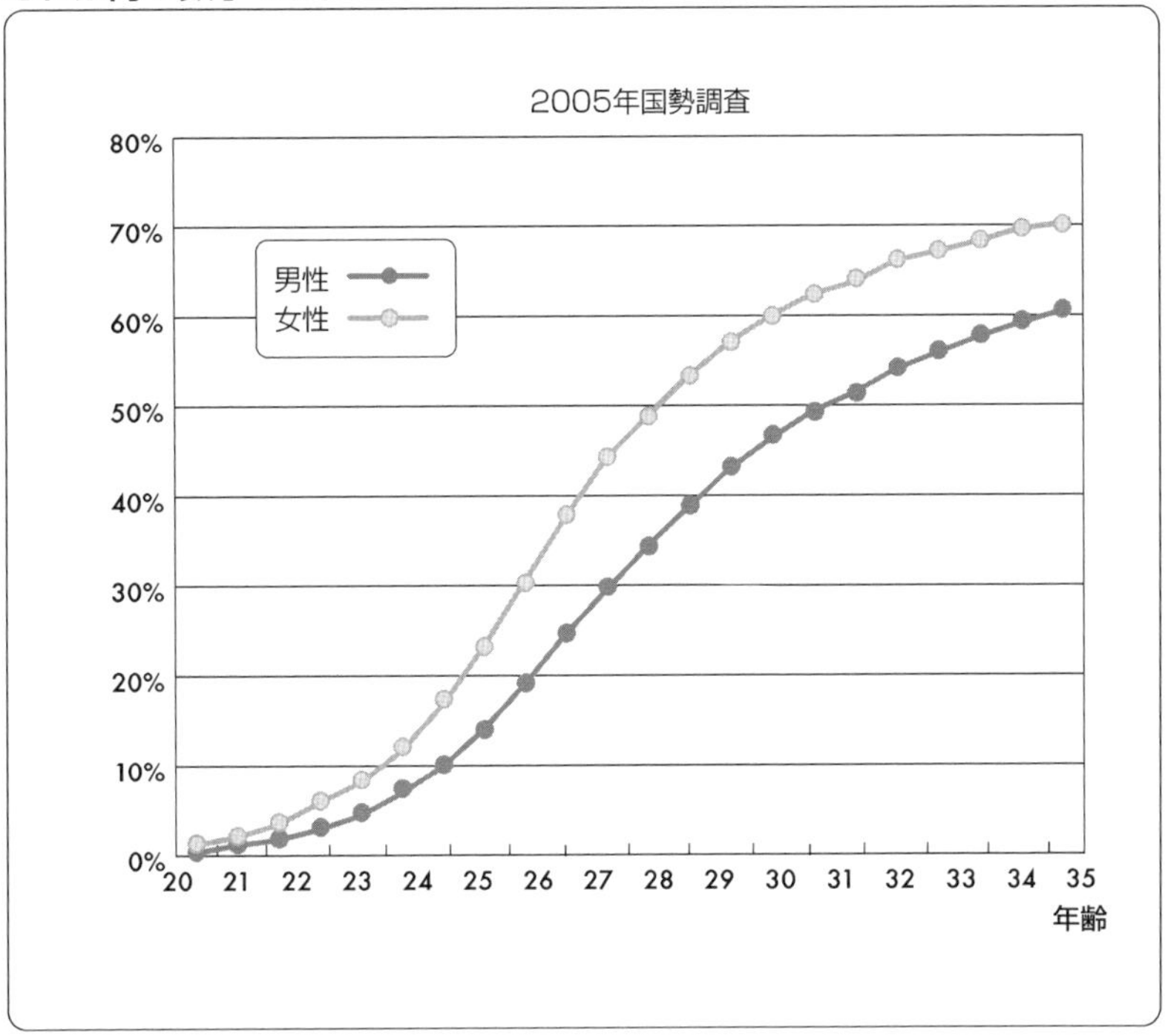

セグメンテーションの成否を分けるのは、セグメンテーションの分類軸、すなわち切り口だ。個人顧客のセグメンテーションに最もよく使われるのが、性別・年齢によるセグメンテーションだろう。「20代の女性を狙う！」といった類《たぐい》の絞り方だ。それを否定するわけではないが、その限界は知っておく必要がある。

上のグラフは国勢調査から取ったある数字である。何の数字だと思われるだろうか？

22歳くらいから29歳くらいまで、急激に上昇しているカーブだ。女性のほうが男性より若干高い。

そう、答えは既婚率（正確には有配偶者率）だ。20代女性というくくり方だと、20歳の女子大生、24歳の独身有職女性、29歳の子供のいる専業主婦など、まったく違う人々が同じセグメントにくくられてしまうことになる。

ライフスタイルが激変するようなイベントが多くある年齢をひとくくりにすると、まったく求める価値が違う人たちをまとめてしまい、「ベネフィットが違うから分ける」というセグメンテーションのそもそもの目的が達成できない。

マクドナルドが有職女性を狙うときに、30代有職女性というターゲットの設定でよいだろうか？たとえば35歳有職女性でも、仕事内容によって昼食ニーズは大幅に異なる。私の限られた観察ではあるが、派遣・パート社員はお弁当持参、または外で買って来て会社の中で和気あいあいと話しながら食べることが多い。それに対して、総合職の社員は、外で同僚と食べる、またはお弁当を買って来るにしても、デスクで仕事しながら食べるという人が多いように思われる。肌感覚では、昼食の取り方には、男性・女性という性差より、職務内容・雇用形態が大きい影響を与えているように思える。

一般論だが、性別・年齢よりも、「バリバリ長時間労働をいとわず働く」「9時5時の定時でそこそこ働く」という仕事の仕方のほうがライフスタイルに影響を与えるといえる。そうであれば、性・年齢だけで分類することには限界がある。

性別・年齢によるセグメンテーションを否定しているわけではない。媒体を選ぶときには、媒体側が性別・年齢でしか選べないことがあるからだ。テレビは、F1（女性20～34歳）、F2（女性35～49歳）などという切り方をするので、テレビCMを広告媒体として使う場合には結局そのような粗っぽいセグメンテーションになってしまう。

それでも、まず顧客にとっての価値・ベネフィットから考えて、そのあとでそのベネフィットを求める性別・年齢層を考えるという順番が本筋だ。性別・年齢のセグメンテーションはあくまで出口であって、入り口ではない。年齢によって購買行動が違うが、その購買行動の違いが重要なのだ。購買行動が年齢によって違うから年齢を見るのであって、逆ではない。

アマゾンは「何を買ったか」によって、おすすめの商品を変える。ある意味、買った商品によってセグメンテーションしているわけだ。これは、「何を買ったか」がその顧客が求めるベネフィットを端的に表しているからという発想だろう。

伊勢丹本店店長の松井達正常務は、「これまで百貨店の婦人服売り場は年齢別にフロア構成するのが一般的だった。しかし母と娘が同じ服を着るなど、この分類では思うように買ってもらえなくなった。具体策はこれから詰めるが、年齢以外に購買動機や感性を軸にした商品構成を考える必要がある」と日経MJ紙上で述べている。

むしろ、今までは、性別・年齢が同じであれば、購買動機・行動が偶然同じだったから、それをセグメンテーションの軸として使っても偶然大丈夫だっただけだ。30歳男性でも、独身都会派ビジネスマンとフリーター、妻子がいてローンを抱えた父親では、購買行動はまったく違う。

今までは、日本社会は割と同質だったために、性別・年齢でライススタイルが予測できたため、性・年齢のセグメンテーションが有効だった。しかし現在は性別・年齢という変数と購買行動との結びつきが弱くなった。これからは性別・年齢に加えてもっと突っ込んだ、価値やベネフィットを考慮に入れたセグメンテーションが必要となる。

個人顧客対象の場合の端的な例として性別・年齢を使ったが、対法人ビジネスでも同じことで、企業規模・業種などから入るのではなく、その会社が求める価値から考えていくのが本筋だ。業種・業態などに加え、社風、社長の考え、重視するものなどを考えてセグメンテーションするのだ。

◎――人によるセグメンテーションの限界

「人によって求める価値が違うから分ける」という考えをさらに推し進めていくと、「人」で分類することの意味すら怪しくなる。

あなたが昼食に出かけるときに、毎回、求める価値は同じだろうか?
・今日は忙しいから早くすませたい
・友人と会うから落ち着いて話せるところで食べたい
など、時と場合によって求めるものが違うだろう。そうであれば、「あなた」というひとりのセグメントの中でも、違う価値を求める場合がある。その場合、「手早くすませたいあなた」と「友人と落ち着いて食べたいあなた」は、まったく別のセグメントになる。「手早くすませたいあなた」は、「落ち着いて食べたいあなた」よりも、「手早くすませたい別の誰か」に近いのだ。人で分けても、価値に合ったセグメンテーションになるとは限らないのだ。

逆に、日曜の昼に「子供が喜ぶところで昼食を」という価値についていえば、30代主婦であろうと、孫を持つ70代男性であろうと、求める価値は非常に近いはずだ。

人で分類するということは、「同じ人は常に同じ価値を求めている」という暗黙の前提に立っているが、それが常に正しいとは限らない。違う「価値」を求める同じ人（忙しいあなたと、落ち着いて食べたいあなた）を十把一絡げにしてしまっている。

セグメンテーションをする理由は、人によって求めるベネフィットが違うからだ。しかし、同じ人でも、気分や場合によって求める価値が違う。であれば人ではなく、求める価値によってセグメンテーションをすればよいということになる。

◎――ベネフィットでセグメンテーションする

求める価値（ベネフィット）によって、セグメンテーションをする手法を、ベネフィットセグメンテーションと呼ぶ。20代男性、女性などではなく、

・早く安くランチをすませたい人
・しっかり、ゆっくり食べたい人
・友人と静かに話しながら食べたい人

などのベネフィットによって、セグメンテーションするわけだ。これには、ベネフィットをどう定義し、計測・分類するのかなどの実行上の困難さがあった。最近はテキストマイニングなどのツールが進化しており、相当できるようになった。私もベネフィットセグメンテーションの依頼はい

ただくが、これは顧客のココロがわかる価値の高い分析だけだ。

もしここでベネフィットで分類するのが難しいと思われた場合は、あなたが提供している価値が煮詰まっていないともいえる。顧客が求める価値を深く突っこんで理解していないということだ。

あなたが子供服を売っているとする。その場合、当然、「子供がいる親、孫がいる祖父母」が顧客ターゲットだろう。しかし、あなたはどんな価値を提供している（または提供したい）のかによって、ターゲットはまったく異なるはずだ。

・毎日着る子供服を低価格で

・お出かけや発表会などのここぞというときのファッショナブルな服

などの提供する価値によって、ターゲットが違うはずだ。ここでは、

あなたが提供する価値＝顧客が求める価値

という等式が成立する。つまり、あなたが提供している価値を求める顧客が、あなたの潜在顧客であるはずだ。

セグメンテーションは、究極的にはベネフィットで行い、その後に「人」という要素を紐づけていく、というほうが本来の役割に合致する。セグメンテーションを行うときは、「人」を分類するのではなく、「ベネフィット」や「価値」が違う「場合」をセグメンテーションする、という視点をアタマにおいていただきたい。

**デジカメの選択基準
（説明用の例）**

□＝薄さ重視
▒＝使いやすさ重視
▓＝画質

	男性	女性
10代	ブログで使うため、画質重視	おシャレのため、薄さを重視
20代 30代	職場でみんなが使えるよう、使いやすさ重視	ハンドバッグに入れるため、薄さを重視
40代 50代	仕事で持ち歩くため、薄さ重視	時間があり、凝ったことをするため、画質重視
60代以上	時間があり、凝ったことをするため、画質重視	複雑なことはイヤで、使いやすさ重視

◎――購買決定基準で分ける

具体的に「価値の違い」で分類するには今まで何回かでてきた「購買決定基準」を使えばよい。デジカメの場合、

・画質＝画素数
・薄さ・小ささ
・ズーム倍率
・取扱いの簡単さ

が主な購買決定基準であるとしよう。「人で分けるのは意味がない」といっておいてなんだが、仮に、性別・年齢が大きな影響を与え、上の図のような購買決定基準を持っているとする。

これは説明用であり、中身につい

ては、あくまでもたとえば、である。この場合、デジカメの選択基準は、

・画質重視：10代男性、40代50代女性、60代以上男性
・使いやすさ重視：20代30代男性、60代以上女性
・薄さ重視：10代女性、20代30代女性、40代50代男性

と分類できる。

仮に、あなたのデジカメの強みが、「薄さ」であれば、必然的に狙うべきセグメントは、

・薄さ重視：10代女性、20代30代女性、40代50代男性

となるだろう。自分の強み・差別化ポイントが活きる顧客を狙うのだ。

つまり、購買決定基準が同じであれば、顧客を分けなくてもよい。顧客を分ける理由は、顧客のベネフィットが違うから、そしてあなたが訴えるべき差別化ポイントが違うからだ。

差別化ポイントが同じなら、つまりあなたのデジカメが「薄さ」を武器にして戦うのであれば、「薄さ」を重視する顧客全員をターゲットにできる。購買決定基準の違いは、セグメンテーションをする上での重要な考慮事項となる。

◎―3つの差別化戦略軸で分ける

差別化戦略のところで3つの価値基準の話をした。手軽軸、商品軸、密着軸の3つの基準で顧客は商品を選ぶことが多い。

だから、セグメンテーションをするときの軸としても、差別化の3つの軸を使うことができる。うまく差別化戦略軸で顧客が分類できれば、差別化戦略と見事に一貫することになり、戦略が大変シンプルになる。

デジカメの場合も、「画質重視」「薄さ重視」というのは商品軸〝的〟な選び方であり、「使いやすさ」というのは、手軽軸〝的〟な選び方だ。セグメンテーションを軸としても3つの差別化軸は使いやすい。まず、差別化戦略軸で分類し、それを性別・年齢などの人口統計的要素と結びつけていくのも有効な方法だ。

戦略BASiCSの要締は、「価値」を中核とした5つの要素の一貫性だ。顧客にとっての価値が違うから、顧客を分ける。そして、自分だけが提供できる価値を「強み」とし、その「強み」を重要視する顧客を「ターゲット」としていくという流れが重要なのだ。

5つの要素は連動して決まることを覚えておいていただきたい。

4 売りたい人に対して提供する価値が合っているか？

基本は、自分の強みが活きる顧客を選ぶこと。
あなたから買いたい人と、あなたが売りたい人という2つの視点で考えてみよう。

◎買いたい人と売りたい人

では、誰が狙うべき顧客なのか？　顧客を絞っていくには、2つの点を考える必要がある。

①あなたの強みを重視するのは誰か？
②あなたはどんな戦略をとり、誰を狙うのか？

つまり、あなたから買いたいという顧客側の事情と、あなたがこういう人に売りたいという、あなた側の事情の両方を満たす人が、「ターゲット顧客」になる。

別に、あなたが売りたくない人には買わせないということではない（そうしてもそれはそれでかまわないが）。たとえば20代を狙い、たまたま50代にも売れたとする。それはそれでありがたいが、では50代向けに商品を変更すると、もともと狙っていた20代が離れてしまう。20代をあきめて50代に変更するというのなら別だが、20代に売りたい場合には、20代に売るという方針は外さない。そして、50代にも積極的に売るという場合には、別の商品やブランドをつくるのがセオリーだ。

ちなみに、あなたが売りたくない人には売らないという戦略は十分ありえる。一見さんお断りの料亭などは、売りたくない人には売らないわけだ。来てほしくない人が来ると、店のブランドイメージが壊れる、他の顧客に迷惑をかけるなどのリスクがあるからだろう。

法人顧客同士のビジネスならいわゆる「与信管理」をきっちり行い、「危ない」顧客には売らないということも当然あるだろう。銀行も融資をする際には、融資先の審査を行う。お金を返済してもらえなければ丸損だからだ。

私もコンサルティング先は十分に選ぶ。熱意がある、私のコンサルティングにより価値が出る、気持ちよく仕事ができる、誠実にビジネスをしているなどの条件にあてはまらない場合は丁重に依頼をお断りしている。

◎あなたから買いたい人はあなたの強みを重視する人

顧客を絞る際の重要な基準が、「あなたから買いたい」人を選ぶことだ。あなたの会社・製品の強みを重要視、そしてお金を喜んで払う人・会社だ。

あなたから買いたくない人に、無理に売ることは好ましくない。親会社や株主からの業績向上の強い圧力のためには仕方がない面もある。私も外資系にいたので、本社からの売上増加のプレッシャーがあったりするのはよくわかる。しかし、やりすぎると、組織としての効率が非常に悪くなる。

買いたくない人に無理矢理売ると、苦情になりやすく、その対応だけで手間がかかる。また顧客維持率が下がる。次の年、買い換え時期に契約更新してくれなかったりする。これは経験則だが、新規顧客を取るほど顧客維持率は下がる。新規顧客を無理に取ると、本来、顧客とすべきでない人にまで無理矢理売ってしまう。するとリピートがおきにくい。

継続購入型の金融商品や定期購読雑誌の販売などでは、これが顕著に表れる。景品をつけてプロモーションして、新規顧客を獲得して、短期的には上司や親会社に評価されるのだが、1年後には大量の解約が起きる。

クレジットカード会社でどこも悩んでいるのが、「初年度年会費無料キャンペーン」だ。初年度無料なので、とりあえずは入っていただけるのだが、費用が発生する直前の11〜12カ月後くらいに大量の解約が起きる。定期購読誌でも同じことが起きる。たとえば1カ月無料購読キャンペーンを行うと、4週間後、つまり費用が発生する直前に大量の解約が発生する。電話を受けるなどの事務処理だけでも大変だ。量を追えば質が下がるのは当然だ。

本当に「あなたから買いたい人」にこのようなキャンペーンをするのであれば、それは問題ない。そんなに解約が発生することはないからだ。事実、1カ月無料購読キャンペーンで順調に有料購読者を増やしている会社もあるようだ。しかし、解約・流出がひどい場合には、流出防止・顧客維持手法ではなく、新規獲得のターゲットに問題があることも多い。だから、「あなたから買いたい人」に絞ることが重要なのだ。無理に売りつけるのは倫理的にも効率的にも問題だ。

客数と客単価:
auとDoCoMo

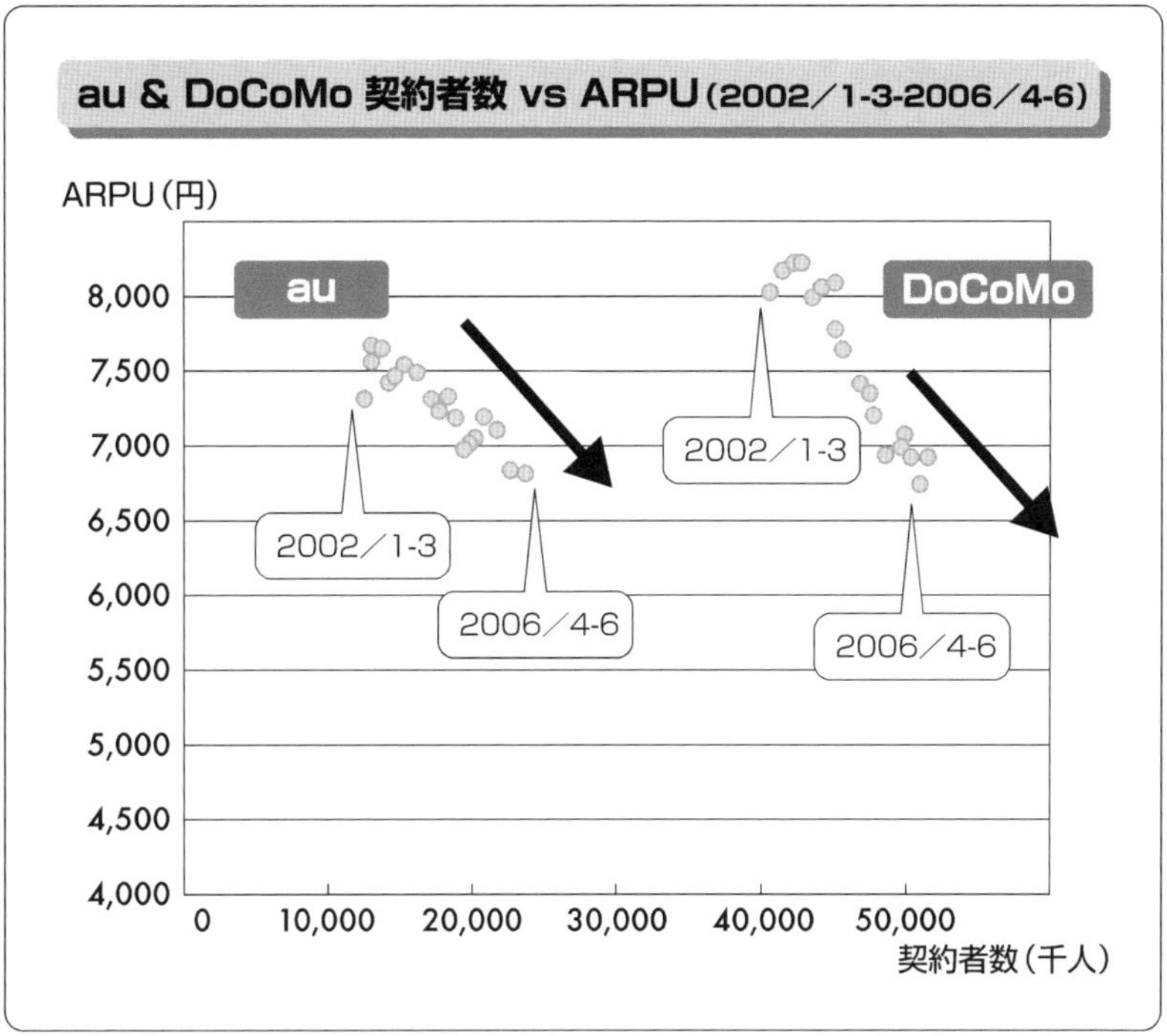

◎――客数と客単価の両立は難しい

組織の目標を「顧客数の増加」に置くと、問題が発生することが多い。客数の増加には新規顧客の獲得と既存顧客の流出防止の2つがあるが、それぞれやることがまったく違う。

一般的に、客数を増やせば増やすほど、客単価は下がる。客数、客単価をウェブサイト上で公開している会社のデータを見てみよう。

上の図を見ていただきたい。ドコモもａｕも、客数が伸びていくにしたがって客単価（ＡＲＰＵ、Average Revenue Per User）が下落している。

未開拓の優良顧客が豊富に存在す

るという場合でない限り、客数を増やせば客単価が落ちることは、ほぼ共通の現象といっていい。その理由は単純で、客数を増やそうとすればするほど、「それほど欲しくない」顧客に売ることになるからだ。

最初に買ってくれる顧客は、その商品・サービスに強いニーズがあるはずだから、多少高くても買ってくれる。しかし、客数を増やしていけば、そのような顧客ばかりではなくなるから値引き販売もしないといけなくなり、客単価が落ちていくわけだ。

かといって客数を追わなければ売上も伸びない。「客数を増やす」という戦略目的では、粗っぽすぎる。「新規顧客獲得」と「既存顧客の維持」は分けて考えなければならない。それぞれ、やるべきことがまったく違うからだ。

◎強みが活きる顧客を選ぶ

「あなたから買いたい人」を選ぶには、あなたの強みが活かせる、あなたの強みを重視する顧客を選ぶことが重要だ。絞った末に競合に負けたのでは、意味がない。あなたが狙った顧客の争奪戦において、競合に勝たなければならない。ＳＴＥＰ３で考えた、あなたの「強み」を評価してくれる顧客を選ぼう。

さらに、あなたが「ナンバー１」になれることが大切だ。セグメントが小さくてもいいから、その中でナンバー１になる。ナンバー１というからには比較対象があるが、その比較対象は、ＳＴＥ

Ｐ２で考えたあなたの競合、つまり「顧客のココロに、あなたの商品・サービスと一緒に浮かぶ選択肢」だ。その選択肢の中でナンバー１になればいいのだ。このように、競合、強み、顧客などの戦略ＢＡＳｉＣＳの５要素は密接に連動する。

強みが活きる顧客とは、たとえばデジカメを売っているとして、あなたのデジカメが防水機能をもっているとする。他に防水デジカメがないとすれば、「防水デジカメが欲しい」顧客セグメントでは、自動的にその防水デジカメがナンバー１になる。つまり、「防水デジカメ戦場」でナンバー１になるのだ。なぜならそこにはあなたしかいないからだ。防水デジカメが「商品軸」で差別化されていて、その差別化ポイントを欲する顧客が「あなたから買いたい人」ということになる。

あなたが売りたい人はあなたから買いたい人

ここまで顧客を絞るに当たり、「あなたから買いたい人」という視点で考えてきた。次は、あなたが売りたい人という、あなたの視点で考えてみよう。こういう人と仕事がしたいなどは当然あるだろう。また、お金を持っているセグメントを狙って単価を上げたいなどもありえる。また、他のセグメントへの影響が大きいというセグメントもある。たとえばヌーブラは、最初はスタイリストなどの口コミ誘発層をターゲットにして、一般層へと広がりやすくする手法をとった。

ただ最終的には、あなたから買いたい人というのは、あなたが売りたい人をきっちり定義していれば、ほぼ等しくなるはずだ。単純な話で、戦略ＢＡＳｉＣＳが一貫していれば、あなたが売りたい人に対して、その人たちが欲しがる価値・ベネフィットを提供しているはずだ。そうであれば、あなたが提供している価値・ベネフィットを求める人というのは、あなたが売りたい人であるはずである。

だから、売りたい人と買いたい人を別に考えるというよりは、あなたが売りたい人に対して、あなたが提供している価値が合っているかどうかという、一貫性のチェックをすればよい。このような経営のチェックポイントをもっておくとよい。

5

顧客を絞ればすべてが決まる

顧客を絞れば競合が決まり、競合が決まれば、差別化ポイントが決まる。
戦略BASiCSの各要素はすべて連動し、その一貫性が重要だ。

顧客を絞れば競合が決まる

ここまでをまとめると、戦場とはある顧客のベネフィットを充足する競合の集合体、つまり売り手の束である。そして顧客は、あるベネフィットを満たすために売り手を求める、買い手の束である。市場には、売り手と買い手がいる。競合と顧客は、ベネフィットを求めて取引する「市場」を売り手から見るか、買い手から見るかの違いだ。売り手の集合体が戦場、そして市場を媒介として、戦場を構成するのは買い手の集合体である顧客である。市場を媒介とすれば、戦場＝売り手の集合体＝買い手の集合体＝顧客となる。

だから顧客を絞ると、自動的に競合が顧客によって絞られる。競合はあなたが決めるのではなく、顧客が決めるもので、競合とは、顧客のアタマの中に浮かぶ選択肢の束だからだ。あなたの競合は、顧客ターゲットとその顧客の求めるベネフィット、ニーズによって決まる。あなたが顧客ターゲットを決めれば、競合はその顧客の頭の中で勝手に起こり、自ずと決まるのだ。

たとえば、マクドナルドが「昼食を会社のデスクで取るビジネスパーソン」とターゲット顧客を絞ったとすると、その瞬間に顧客が競合をコンビニ、弁当屋などに絞る。恐らくドトールやスターバックスは競合から外れるだろう。一般的にコーヒーショップは「ランチを買いに行く」際の選択肢から外れるからだ。

これが、マクドナルドが「外回り中の営業パーソン」をターゲットにするとどうなるか。恐らく最強の競合はドトールになる。ターゲットを「放課後におしゃべりするティーンズ」とすれば、競合は吉野家でもコンビニでもなく、ミスタードーナツなどになるだろう。ターゲットを変えると、顧客のココロに浮かぶ選択肢の束である競合も変わるのだ。

すべての競合を相手にすることはできない。マクドナルドが、スターバックスと吉野家とファミレスとコンビニを相手とした全面戦争のすべてに勝つことは、マクドナルドといえども難しい。

戦略の基本は、「絞り」である。絞るとは、どこかを捨てることだ。「選択」と「集中」である。顧客を絞れば、競合も絞られる。すべての競合を相手にできないからこそ、顧客を絞るのだ。

もし、あなたの「競合」に対して、明らかに優位があるのに売上が伸びないのであれば、それはあなたの「競合の定義」が顧客のアタマの中と違っているのかもしれない。それをチェックするには、以下のようなステップを踏めばよい。

①ターゲットを知る・決める

まずは、あなたの商品・サービスを買っている人は誰なのか、誰に売りたいのか、ターゲットを決める。

②あなたの商品のベネフィットを知る

次に、ターゲット顧客は、何のためにあなたの提供している商品・サービスを買っているのかをチェックする。ターゲットのベネフィットを確認する。

③ベネフィットをめぐる競合を知る

そして、ターゲット顧客が求めるベネフィットをめぐる競争相手は誰なのか。顧客のアタマのなかに浮かぶ選択肢は、あなたを含めて誰なのかを顧客に確認するのだ。ターゲット、ベネフィット、競合が連動していることがおわかりいただけるだろう。

◎競合が決まれば差別化ポイントが決まる

顧客を絞れば競合が決まる。そして次に、競合が決まれば、差別化ポイントが決まる。

205ページのチャートをご覧いただきたい。たとえば、マクドナルドが「放課後おしゃべりする女子高生」をターゲットにしたとする。その場合、女子高生のアタマに浮かぶ他の選択肢（すなわち競合）がミスタードーナツだったとする。その場合、マクドナルドの差別化ポイントは、マクドナルドが提供できてミスタードーナツが提供できない価値になる。たとえば、食事メニューの豊富さなどだ。

次に顧客を、「食事にでかける家族」としたとしよう。その場合、家族が考える他の選択肢（競合）がファミリーレストランになるとする。今度は、「食事メニューの豊富さ」は差別化ポイントにならない。むしろファミリーレストランに対しては弱みになるだろう。ファミレスに対しては、マクドナルドは価格優位性を持っているから、「安い」というのが差別化ポイントになるだろう。キッズメニューがあるというのも強みになるかもしれない。

このように、顧客を絞れば競合が決まり、競合が決まれば差別化ポイントも連鎖的に決まるのだ。このダイナミックな連動性が戦略ＢＡＳｉＣＳというツールの醍醐味であり、使うときの難しさでもある。

慣れるまでには戦略ＢＡＳｉＣＳのような戦略的思考法を完全に理解しているコンサルタントを使ってみるのもいいだろう。このような基本的な事実確認を欠いてのビジネス展開は大変危険なので、やる価値が高い分析だ。

◎——販売チャネルや広告媒体が決まる

顧客を絞れば競合が決まるが、顧客を絞れば販売チャネルも決まる。通常の場合は、その顧客が買う場所、店がチャネルになる。そして、その顧客が接触する媒体が広告媒体になる。

マクドナルドの顧客・競合・差別化の例

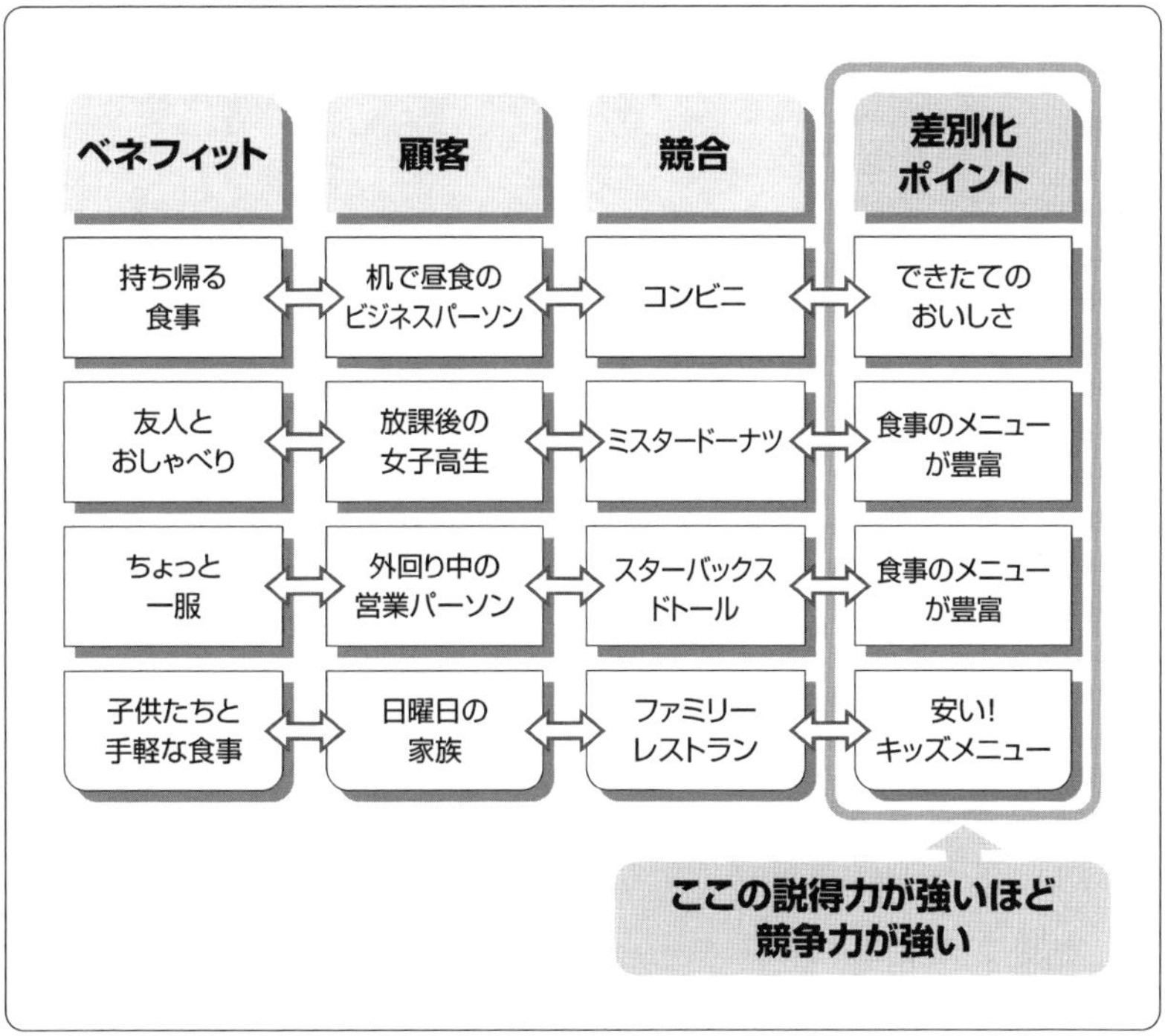

ベネフィット	顧客	競合	差別化ポイント
持ち帰る食事	机で昼食のビジネスパーソン	コンビニ	できたてのおいしさ
友人とおしゃべり	放課後の女子高生	ミスタードーナツ	食事のメニューが豊富
ちょっと一服	外回り中の営業パーソン	スターバックス ドトール	食事のメニューが豊富
子供たちと手軽な食事	日曜日の家族	ファミリーレストラン	安い！キッズメニュー

ここの説得力が強いほど競争力が強い

顧客セグメンテーションでは、セグメントごとに別々の打ち手がとれなければ、分ける必要がない。たとえば40代男性と50代男性とを分けたとする。しかし40代男性用の広告媒体と、50代男性用の広告媒体が分かれていなければ、それぞれに違うメッセージを発信できず、分ける意味がない。だから、戦略を考えるにあたっては、広告媒体まで考えながら行う必要がある。販売チャネルについても同様だ。

考え方自体は単純だが、いざやってみると結構大変だ。顧客を絞りながら、その顧客に到達できるチャネル・広告媒体があるかどうかを確認する。逆に、チャネルや広告媒体に接触する顧客という方向からもセグメンテーションを考える。

戦略を考えるとは、「戦略→戦術」という一方向の単純なものではなく、すべてを俯瞰しながら一貫性をとっていく、行ったり来たりのプロセスなのだ。「戦略→戦術」と一方向で考えると、戦略と戦術の境目に溝ができてしまう。だから、戦略を考える際には戦術をおぼろげながらアタマに置き、実行できるかどうかを確認しながら行うことになる。実行できない戦略には意味がないからだ。

戦略を考えるにあたって、戦略のプロであることは必要条件だが、十分条件ではない。現場での戦術の知識・体験が豊富な人でないと、実行できない机上の戦略を作ってしまう。戦略を作る際には戦略のプロと戦術のプロの両方を巻き込むことが重要だ。

経営の根幹が顧客だから、経営戦略も顧客視点であるべきだ。顧客を絞れば、競合が決まる。競合が決まれば、差別化ポイントが決まる。差別化ポイントが決まれば、独自資源も決まる。

あなたの経営を顧客のアタマの中に経営を合わせていこうというのが、本書でいう「顧客視点の経営戦略」なのである。

COLUMN

営業とターゲティング

営業担当者がどの顧客を訪問するかは非常に重要な問題で、営業担当者が勝手に決めていい性質のものではない。もちろん経営者がことこまかに訪問先を決めることはできない。しかし、どのように会社を選別するかという基準は、全社で意思統一しておく必要がある。実は、それが「ターゲティング」でもある。営業担当者がどの顧客のところに行くかというのは、そのまま「ターゲティング」なのである。

ターゲティングとは、まずは会社として「このような顧客を優先して狙う」ということで、それが戦略だ。そして「では私はどの顧客に電話すべきか」と各営業パーソンが決めることが戦術だ。いかに立派なターゲット戦略を決めても、それが営業・マーケティングの現場で実行されなければ、戦略が現場で骨抜きになる。これは、非常に起きやすい問題だ。戦略と戦術を結びつけ、リンクさせることが重要なのだ。

法人顧客対象の営業の場合などには、具体的にどの顧客に行くべきというのを会社名レベルまで徹底させ、会社ごとに訪問回数・商談内容などを記録し、定期的にマネージャーがチェックする必要がある。本当に行くべき会社に行っているか、営業が行きたい会社に行っていないかというのは、実際にチェックしてみないとわからない。SFA（Sales Force Automation）などの営業系ITシステムは、単に営業パーソンの動きを管理するのではなく、顧客の優先順位づけというターゲット戦略までを考慮して作らないと、単なる管理ツールになる。そこまでやればIT システムがターゲット戦略と訪問回数などの戦術をつなげられる強力なツールになるのだ。

この章のまとめ

商売の基本は顧客、経営戦略も顧客の視点で考える。

顧客によって求める価値が違う。すべてには対応できないので、分けて対応するのが「セグメンテーション」。

理想的には顧客を分ける軸は「ベネフィット」。

顧客を絞ることが重要。顧客を絞らなければ、絞ってきた競合に負ける。

あなたから買いたい人、つまりあなたの「強み」「差別化ポイント」を評価する人を狙うのが「ターゲティング」。

顧客を絞れば戦場・競合が決まる。そして販路・広告媒体なども自動的に決まる。BASiCSの各要素はすべて連動する。その一貫性が重要。

顧客を絞るのは経営者の役割。社員にはできない。

STEP 5

Selling Message

「価値」を伝えるメッセージ

1 メッセージなき戦略は効果がない

メッセージとは、戦略に基づき、顧客に伝える内容全体を統括するキーコンセプトだ。「どんな差別化された価値」を提供するのかを簡潔にまとめたものである。

価値を伝える

戦略ＢＡＳｉＣＳの最後のＳが、Selling Message「メッセージ」となる。要は売り文句だ。ここでいうメッセージとは、「顧客が目にする媒体」に載るものすべてを含む。

・ＰＯＰの売り文句
・商品カタログ
・営業パーソンのセールストーク
・製品パッケージ
・ウェブサイトの内容
・テレビＣＭなどのキャッチコピー

などのすべての媒体を通じて、伝えられるものだ。

メッセージとは、戦略に基づき、顧客に伝える内容全体を統括するキーコンセプトだ。戦略の本質である「どんな差別化された価値」を提供するのかを簡潔にまとめたものがメッセージであり、前述のキャッチコピー、セールストークなどはすべてそれに従って「顧客にどのように感じてほしいか」を計算して作られることになる。

マーケティングをよくご存じの人には、ここでいう「メッセージ」とは、いわゆる「Value Proposition」（価値提案）と呼ばれるものといったほうがわかりやすいだろう。まさに「価値」を伝えるものだ。

たとえば、昔、ドトールの店外看板に使われていた「１８０円でいれたてのコーヒーを」というのは、わかりやすい簡潔な価値提供メッセージだった。「１８０円」という手軽軸の低価格を売り物にしつつ、「いれたて」という商品軸を実現しようとしていることも示している。ＱＢハウスの「シャンプーなどのサービスなしで10分１０００円の便利なヘアカット」というのも、誰にでもわかる「手軽軸」によく絞られている戦略メッセージだ。

長期的な「戦略」と短期的な「戦術」

ではなぜ、経営戦略としてメッセージが重要なのだろうか。ここまで、経営戦略論の５つの要素のうち、４つまでが終わった。細かい違いを横に置けば、実はいわゆる「経営戦略」「競争戦略」「マーケティング戦略」といわれる主張は、ここまでの４つで終わりなのだ。その本質は、

①戦場型▼強みを活かして競合より高い価値が提供できる市場で戦う
②独自資源型▼価値の源泉となる会社の能力を高める
③差別化型▼差別化し、より高い価値を提供する
④顧客型▼顧客を中心に考え、顧客にとっての価値を提供する

ということになる。あっけないほどシンプルではないだろうか。

経営戦略を「学ぶ」ためなら、ここまでで十分である。しかし経営者が、戦略を「実行して結果を出す」ためには、これだけでは足りない。ここに、数々の経営戦略論が抱える構造的かつ致命的な問題がある。戦略は実行に落とし込まれて、はじめて成果を上げるのだ。この4つだけしか考えないと、実行できない戦略を作ることがおこりうるということだ。

◎――実行されない戦略は効果が薄い

業界内で儲かる位置に自社を位置づけ（戦場）、会社の独自能力を高め（独自資源）、顧客志向で考えて（顧客）、十分に差別化された製品を開発する（差別化）という、コンサルタントや企画部などが考えた戦略が機能しないことは多い。

その大きな理由のひとつが、戦略に基づき具体的に何をするのかという具体的な戦術が欠けているからだ。どんなに素晴らしい戦略を描いても、それが実行されなければ絵に描いた餅だ。いわゆる「机上の理論」になってしまう。

「戦略は役に立たない」という批判をよく耳にするが、戦略が役に立たないのではなく、「実行できない戦略」に問題があるのだ。歴戦の経営者なら一度は「オレが考えたことがなぜ現場に浸透しないんだ」と感じたことはあるはずだ。その大きな理由のひとつが、戦術の実行段階を見通さずに戦略を作ってしまうことなのである。

◎—戦略なき戦術も効果が薄い

戦略なき戦術は場当たり的だ。一時的に効果があっても、長期的に続かない。とくに「独自資源」と一貫しない戦術、たとえば価格競争力がないのに値引きしたり、接客力が強みでないのに接客を売りにするようなことは、短期的には目新しさから「成功」に見えるかもしれない。

しかし、しっかりとした独自資源に基づいていない戦略は、競合に真似されたらそれで終わりだ。また、戦略がないと行動の一貫性を欠く。営業と開発が違う方向性で走る、ＣＭでは高級感を演出して販売現場では低価格訴求をするなどのように、一貫性がないと顧客が混乱するし、効果が打ち消しあう。手足がばらばらに動くようなものだ。営業、マーケティング、開発などの各部署がバラバラに動くと、組織の力が削がれる。注意してみると実に多く見つかる。

戦略なき戦術は、一貫性を欠いて効果がない。戦術なき戦略は実行が伴わず、やはり効果がない。つまり、戦略に裏付けられた戦術と、戦術の実行を見据えた戦略の両方が重要で、ポイントは戦略と戦術の一貫性なのだ。筋の良い戦略の立案はもちろん重要である。しかし、それは必要条件ではあるが十分条件ではない。長期的戦略、すなわちストラテジーと、短期的戦術、すなわちタクティクスの両方が必要なのだ。戦略&戦術が重要、この「&」が実は一番重要な部分であり、成功のカギだと私は考えている。

経営者がその点を押さえなければ、社員がそれを考えてはくれない。戦略&戦術の「&」をつなぐことは経営者の重要な役割なのだ。

戦略と戦術の「境目」に球が落ちる

もちろん、戦略と戦術の両方をうまくやればよい。しかし経営の現場では、トップや戦略スタッフは「うちの現場は戦略通りに動かない、戦略を理解しない」といい、現場では「うちのトップは現場を無視した戦略を立てる」と文句をいうことがしばしばある。その間には埋められないギャップがあるように見える。トップから見れば戦略が現場に骨抜きにされる。現場から見れば、そもそも実行不可能な戦略が降ってくる。

経験的に、成果を出す上で重要なことは長期的戦略（ストラテジー）と短期的戦術（タクティクス）の「境目」にあることが多い。ここがうまくつながらないのだ。ひとつの理由は、そこまで考えた経営戦略論がなかったことだ。経営戦略の本は「戦略」のみを説き、戦術の本は具体的なアイデア・行動のみを説き、両者をつなげた理論は非常に少ない。もうひとつの理由が、

・長期的な「戦略」を考える人が現場の戦術を知らない

・現場で短期的な「戦術」を実行する人が戦略を考えない

という企業内の「人」の問題だ。とくに戦略を考える人と戦術を実行する人が別になる場合には、この乖離《かいり》が大きくなる。戦略をマーケティング部なり本社企画部が考え、戦術を営業部なり支店が実行するということになると、その〝間〟に深い溝ができてしまう。この溝を埋めるには複雑な技術はいらないが、結構難しい。

戦略を考える人に〝も〟現場の戦術的な知識・経験を持ち、戦術を実行する人に〝も〟戦略を考えさせる必要がある。最近、クロスファンクショナルチームという、各部署を横断したプロジェクトチームを作ることが一般的になってきた理由もそこにある。

戦略と戦術の両方を知っている人が戦略を作るべき

実行できる戦略を作るには、戦術を見通しながら作る必要があるので、ある程度の戦術の知識が必要なのだ。たとえば、ターゲットを分類する「セグメンテーション」をする際には、広告媒体の知識が必要になる。なぜなら、広告をする場合には、広告媒体がないセグメンテーションでは分けて到達する手段がないからだ（広告のムダ打ちは気にしないという場合は別だが）。

テレビ広告をメインにする場合には、細かい地域性や性別・年齢の定義には意味がなくなる。当然のことだが、番組単位での視聴になるので、「25歳の女性だけに届けたい」というようなことはできないからだ。又、○○県○○市だけにＣＭを流すこともできない。逆に、全国の「健康重視」

の人にメッセージを届けるという、一見難しそうなことは可能なこともある。健康重視の人が視聴するテレビ番組にCMを出せばいいのだ。

このように、ターゲット戦略というと、経営企画室やコンサルタントの仕事のようにも聞こえるが、実際には広告代理店のメディアバイイング（媒体購入）のような戦術レベルの知識も必要なのだ。顧客とのコミュニケーション戦略を考えるには、DMでどこまでできるかなどの印刷技術の知識まで必要だ。営業戦略の立案にも、どのような営業がどこでどう行われるのかなどの具体的な知識が必要になる。商品戦略を考えるにも、技術開発や生産現場の知識が必要になる。営業・販売・広告・店舗・開発・一場などの現場を知らない人が企画を立てると、現実的でない案になりやすい。

私がこのことに気づいたのは、今あげたような戦略と戦術の両方を色々経験したからだ。現場経験のみ、またはコンサルティング経験のみであったらわからなかった。電話機の個人営業、電話広告の法人営業、マーケティングの広告や商品企画、HPの制作経験などの様々な現場経験が、経営戦略のコンサルティングの際に非常に役立っている。

私がDMのプロデュースをしたときは、DMの世界では権威のある賞をいただき、DM大賞というDM大賞で2年連続で大きな賞をとった会社は制作者（クリエーター）として壇上で表彰された。DM大賞で2年連続で大きな賞をとった会社は当該年では1社だけで、その2年とも私がプロデュースを行ったDMが表彰された。MBAを持つ戦略コンサルタントは数多くいるが、その中でクリエーターとして表彰された人は希だろう（それが私の差別化ポイントでもある）。このような現場経験は、戦略を判断する際のできるできない、売れる売れないの肌感覚として非常に役に立つ。だから戦略を考え、その実行責任を担う人こそ、理論に加えて、豊富な実戦・現場経験が必要になる。

定期的に企画部門と現場のローテーションをしているような会社であれば、両方の経験ができる。そういう人がいなければ、育てればよい。手っ取り早いのは、筋の良い現場の担当者に戦略的思考法のトレーニングや研修を徹底的に施すことだ。現場経験を積むのは10年がかりだが、戦略の基礎トレーニングは数カ月で可能だ。そのように訓練された人は良い戦略プランナーとなり、経営者であるあなたの強力な助けとなろう。

戦略ＢＡＳ·ｉＣＳはそのためにも有効なツールだ。社内の共通言語となり、社内コミュニケーションを円滑化できる。現場経験の豊富な人が戦略的な思考方法を本書で身につけると、「現場経験豊富な戦略プランナー」という極めて高い価値が持てる。この本は経営者向けに書かれているが、現場の人が戦略センスを身につけるために読んでもらっても大きな価値があるはずだ。

◎──伝わってはじめて「差別化」される

具体的に「戦略と戦術をつなげる」とはどういうことだろうか。

そのひとつが、「伝える」ということであり、そこに戦略ＢＡＳ·ｉＣＳの最後の要素、「メッセージ」の重要性がある。どんなに素晴らしい戦略でも、強みでも、それが顧客・社員に伝わらなければ意味がない。いくら優秀な企画担当者や戦略コンサルタントが素晴らしい戦略を考えても、最終的には、戦略が効果を発揮する、すなわち売上・利益につながるのは、「顧客のアタマの中で理解された後」だ。

差別化は、顧客のココロの中で起きるのであって、工場や会議室で起きるのではない。戦略は究極的には顧客接点で「認知」され、「理解」され、「解釈」されて、「売れる」という結果につながるのだ。買う、買わないを判断するのは顧客だ。素晴らしい商品サービスを提供しても、顧客は当然、知って、理解して、納得しなければ買わない。顧客に伝えたことではなく、伝わったことだけが価値になる。そして、戦場、独自資源、差別化と、必死になって考えたことが、顧客接点において伝わったことだけで評価される。だから「メッセージ」が戦略の最後のツメとして非常に重要であり、戦略ＢＡＳｉＣＳの最後に入っているのだ。

だからこそ、「おうちに帰るまでが遠足」ではないが、「社員・顧客に伝わるまでが戦略」、つまり、社員・顧客へのコミュニケーションまでが戦略だと私は考える。経営戦略の本として、メッセージの作り方にまで言及している本はそうないと思うが、戦略をメッセージという具体的なものにまで落とし込まなければ、社員・顧客に伝えて成果を出すことはできない。

◎──戦略の魂は細部に宿る

戦略の魂は細部に宿る。あなたの会社のカタログや商品パッケージ、営業パーソンの何気ない一言は、経営者から見れば「細部」かもしれない。しかし、顧客から見れば「全部」なのだ。顧客は、あなたの戦略を評価して買うわけではない。そもそも戦略は目に見えない。顧客は、営業パーソン、

ＣＭ、製品パッケージ、店構えなど、自分の目にふれたもの「だけ」であなたを評価する。

私を鍛えていただいたある上司に、「社内資料は手を抜いてもいい。しかし顧客の目に触れるものは、すべて、目を皿のようにして見ろ。本当にそれでいいのか、真剣に、徹底的に考えろ」とよくいわれた。それは、顧客は、自分の目に触れない「戦略」ではなく、自分が見たり触ったりするメッセージ「だけ」からすべてを判断するからだ。

◎──顧客に「伝わったかどうか」は経営者がチェックする

経営者は、「戦略」が「メッセージ」となって、顧客のアタマの中に埋め込まれたかどうかまでをチェックしなければ、せっかく考え、努力してきた戦略が顧客接点で水泡に帰すのだ。

経営者は、顧客に伝わったかどうかまで責任を持つべきだと私は思う。少なくとも、「伝わったかどうか」を確認するのは経営者の仕事だ。だから、メッセージを評価する目を持たなければならない。それは難しいことではなく、あなたが顧客のときには、他社に対して普通にやっていることだ。「この会社のあの対応はなっとらん」「このＣＭは何がいいたいのかさっぱりわからん」と思われたことがあるかもしれない。それと同じように、顧客もあなたの会社に対して、そう思っているかもしれないということだ。経営者として知っておくべき理論はそう多くない。本書に書いてある程度で十分にカバーされている。

経営者がキャッチコピーを書く必要はない。むしろ書いてはいけない。社長がコピーを書くと、社内でのチェックが働かないからだ。経営者が自ら作ったキャッチコピーで失敗したとき、「自分のキャッチコピーの責任だ」と自ら認める勇気があれば別だが、まず無理だ。「社長、そのコピーでは売れません」とは、社員も広告代理店も表立ってはいわない。

ある会社の製品パンフレットは、私の目から見て戦略的に納得がいかないものだった。「誰が作ったんですか？」と社長に聞くと、「うちの奥さんがデザイナーでさあ、奥さんに作ってもらったんだよ～。よくできてるでしょ？」と誇らしげにおっしゃる。私のような第三者でも、それを真っ向から否定はしにくい。まして、部下の社員が、「社長の奥方がお作りになった」パンフレットを社長の面前で堂々と否定することは無理だろう。

そうはいっても社員や広告代理店への丸投げも良くない。戦略を無視して「好み」で作られる可能性があるからだ。理想は、経営者が戦略をきっちり決め、それを社員・広告代理店にはっきりとわかりやすく伝え、その範囲内で自由に考えてもらうことだ。経営者の役割は、メッセージを考えるのではなく、戦略と合っているかどうかをチェックすることだ。

そのためには、チェックできるだけの知識・実力が必要になる。だから、ＢＡＳｉＣＳの最後のＳ「Selling Message」が戦略要素として入っているのだ。

次項以降、メッセージの作り方の詳細を説明するが、それは経営者が知っておくべきことだからだ。「そのＣＭ、キャッチコピーは、我が社の戦略に合わない。私たちはこういう差別化戦略を打ち出したいのだ。良い悪いではなく、戦略にはずれているので修正してくれ」とはっきり伝えるだけの鑑識眼は必要である。それは、センスの問題ではない。戦略力の問題なのだ。

2

戦略的メッセージを作る

メッセージは〝戦略的〟でなければならない。
戦略的とは〝差別化〟されているということだ。

◎──メッセージは競合と差別化できている必要がある

ではメッセージをどう作っていくか、そのチェックポイントを説明していこう。

まずは、メッセージは、Ｂ（戦場）、Ａ（独自資源）、Ｓ（強み・差別化ポイント）、Ｃ（顧客）の各チェックポイントを経て練られた戦略と整合していなければならない。メッセージは〝戦略的〟でなければならない。

具体的には、「競合に対して差別化されている」ことが重要だ。テレビＣＭや新聞広告、ウェブサイトなどで顧客に伝える際には、もちろん印象に残る面白いメッセージを伝える必要がある。しかしそれとは別に、そもそも差別化ポイントをきっちり伝えることは、最低限のチェックポイントだ。

あるテレビＣＭに、会社名だけを音楽にのせて連呼するというものがあった。本当に会社名だけで、どのような会社かはまったくわからない。カタカナの社名を聞いただけでは、どんな会社かもわからない。これでは戦略的なCMとはいえない。「会社名を伝えることが戦略だ」という反論もあるかもしれないが、会社名は「どんな会社か」とセットで伝わって、はじめて意味がある。少なくともコスト効果が高いCMとはいえないだろう。

ある米国の広告代理店が使い始めた言葉に、「Unique Selling Proposition（USP、独自の売り文句）」という言葉がある。私がいう「メッセージの独自性」と、このUSPは基本的に同じである。あなたのメッセージは、自分だけがいえるものでなければならない。他社製品にも使えるような特徴のないメッセージは、まず効果がない。自社製品を選んでくれるとは限らない。最悪の場合、あなたの商品ではなく、商品カテゴリーの広告になってしまい、自社商品ではなくて他社商品のニーズを喚起してしまうこともあり得る。自分の商品がダントツ1位であればそれでもいいかもしれないが、基本的にはメッセージは独自性をもち、競合に勝てるものである必要がある。

独自で差別化されているメッセージなら売れる

顧客にとって価値があるもので差別化できていれば、その差別化ポイントをメッセージにすれば売れるはずだ。必ずしも差別化ポイントをそのまま伝える必要はないが、差別化ポイントに基づいている必要はある。もしその差別化ポイントを伝えても売れないという場合、それはメッセージではなく、差別化ポイントが誤っている。顧客に価値がないもので差別化しようとしていることになるからだ。このように、メッセージをチェックすると、戦略のチェックにもなる。

◎――メッセージと差別化ポイントの一貫性が重要

「液晶のシャープ」の差別化ポイントは、その名の通り液晶だ。液晶を自社生産できる設備（独自資源）を持つ数少ないメーカーのひとつであり、その強みを存分に活かしている。そのシャープはCMで「クリスタルバレー亀山」、つまり亀山工場を宣伝していた。

製品を宣伝するのは普通だが、工場を宣伝するのは珍しい。CMに出演する吉永小百合さんが、クリスタルバレー亀山の映像をバックに「テレビの性能を決めるのは工場の性能です。美しい日本の液晶アクオス」というせりふでキメる。

液晶のシャープの「独自資源」は「液晶工場」というハード資源。そして、「差別化ポイント」は、その独自資源に基づく美しい液晶を使った「液晶テレビ」という商品だ。そして「工場」をCMの「メッセージ」として使っている。つまり「独自資源」「差別化ポイント」「メッセージ」が見事に一貫し、メッセージが差別化されている。独自資源が本当に「独自」だからだ。

工場のPRは、液晶パネルの生産設備を持たないメーカーにはできない。そして、これを伝えることにより「亀山ブランド」の液晶の指名買いを狙っていると思われ、事実、指名買いがあるといわれる。

液晶テレビは、液晶の美しさが競争の軸だといわれるが、一見してわかるほどの差はつかないのではないだろうか？　量販店などで見ても、家庭で見るときと条件も違い、完全な比較は難しい。そうなると、どのように「メッセージ」で差別化するかは非常に重要なポイントとなる。シャープの亀山工場への投資額は、２００７年４月現在で、計画中のものも含め、５０００億円を超える。数千億円レベルの投資をしても、売れる・売れないが「メッセージ」という戦術的な顧客接点で決まってしまう。これは恐ろしいことではないか。それほどまでに戦略と戦術の接合というのは重要なのだ。

だからこそ、シャープは、「液晶のシャープ」を一貫してうたい、液晶に思い切った投資を行い、そして、その設備をきっちりと顧客に伝える、一貫したブランド戦略を構築しているのだ。数千億の投資をしているからといって、いや、しているからこそ、「モノ」だけで差別化するのはあまりに危険なのだ。顧客に伝わらなければ意味がないからだ。「モノ」と「メッセージ」の両方が重要なのだ。

◎競合が誰かにより訴求すべきメッセージが変わる

メッセージは差別化できていなければならないということは前に述べたが、差別化とは相対的なものだ。つまり、ある比較対象（つまり競合）に対して、差別化されていることが重要だ。咳止め薬の場合、「ゴホン」と咳が出たときに、顧客のココロの中にはいくつかの選択肢が浮かぶ。病院に行く、薬を飲むなど。病院に行くのは大変なので、まずは薬を飲もうと決めたときに、顧客のココロの中に浮かぶ咳止め、風邪薬などの選択肢の束が競合であり戦場だ。

戦場とは、業種・業態ではなく、顧客のココロの中に浮かぶ選択肢の束だから、その中の他の選択肢（＝競合）に勝てなければいけない。薬の選択は、実際には薬店の店頭で行われるのであろうが、その比較対象に対して、「じゃあこの咳止め薬にしよう」と選んでもらえるメッセージである必要がある。だからパッケージにはそのメッセージを書くのだ。

このときに比較対象が総合感冒薬であれば、「ゴホンといえば」という、咳をイメージするメッセージだけでいいかもしれない。咳に特化している強みが活きるからだ。しかし、比較対象が、同じく「咳止め薬」であれば、「ゴホンといえば」では差別化にならない。その他の咳止め薬も、「咳に特化」しているという意味では同じだからだ。そうであれば、その他の咳止め薬と比べて、なぜ自社の薬を選ぶ必要があるのかを説明する必要がある。

すなわち競合が誰か、顧客のアタマの中に浮かぶ選択肢によって、訴求すべきメッセージが変わるのだ。ココロに浮かぶ選択肢は顧客によって違うかもしれない。だから、顧客を分類し（セグメンテーション）、絞る（ターゲティング）必要があるのだ。顧客によってココロに浮かぶ選択肢が違えば、メッセージも顧客によって違ってくる。であれば、一番重要な顧客にあったメッセージにすることになる。このようにして戦略がメッセージに結実していく。

メッセージは、競合と比較されたときに、自身の強み・差別化ポイントを訴求して、自社の製品・サービスを選んでいただくものであり、競合と比較しての差別化だ。競合に勝てるということは、差別化できているということである。

差別化には3つの軸があったことを思い出していただきたい。咳止め薬の場合、その他の咳止め薬に比べて薬効が優れているのかもしれない（商品軸）し、いつでもどこでも気軽に飲みやすいのかもしれない（手軽軸）。ある特定の体質の人にあっているのかもしれない（密着軸）。商品の差別化ポイントをメッセージに活かせば、それは「差別化」できているはずだから、独自のメッセージになるはずだ。この差別化ポイントをパッケージ、ＰＯＰ、ＣＭなどで伝えるのだ。

このように、戦略的なメッセージとは、競合に対して差別化ポイントを伝えるものだ。戦略ＢＡＳｉＣＳのすべての要素が連動するのである。

繰り返すが、製品が差別化されているだけでは不十分だ。顧客に伝わって、はじめて差別化される。差別化は、工場ではなく顧客のココロの中で起きるからだ。それが、「戦略と戦術がつながる」ということになる。どんなに素晴らしい製品でも、それがメッセージに反映されて、顧客に伝わらなければ意味ない。

だから、メッセージを作る部署・人と、製品を開発・生産する部署・人とのコミュニケーションや意思統一がうまくいっている必要がある。そしてそのような仕組みを作るのも経営者の仕事だ。ここは本当に大変な作業なので、プロジェクトを立ち上げたり、戦略と戦術の両方に長けた外部コンサルタントなどの力を借りてもよいだろう。

◎──メッセージで戦略の一貫性をチェックする

「メッセージ」は、いわゆるキャッチコピーである必要はない。結果としてそうなっても構わないが、戦略の本質である「差別化された価値提供」を簡潔にまとめたものだ。メッセージをチェックすれば戦略の問題点がわかることもある。メッセージに戦略が凝縮されるからだ。メッセージを確認するのは、戦略をチェックするひとつの方法なのだ。

十分に練られて、差別化されているメッセージは、簡潔に伝えることができる。高校生に伝わらないような難しいメッセージは、戦略の練りが不十分である兆候だ。その場合、「この戦略の本質は一体何なのだ？」と再度問い直す必要がある。

差別化ポイントに独自性があれば、それを伝えるメッセージも自ずと独自性を持つ。これは強み・差別化ポイントとの一貫性をチェックすることになる。製品・サービスに独自性があるのであれば、差別化ポイントではその独自性を訴求することになる。

「それでは売れない」という場合、顧客にとって意味がないところで差別化された商品・サービスを売っていることになる。そういうことも実際にないではないが。その場合は、短期的には何か別のメッセージをひねり出すか、商品・サービスそのものを改善するのがセオリーだろう。さらに、独自資源に基づいた強み・差別化ポイントであれば、差別化ポイントも独自であるはずだ。その独自の差別化ポイント（差別化ポイントはそもそも独自であるはずなので変な表現だが）を表現するメッセージであれば、自然と独自性があるはずだ。

このように、ＢＡＳｉＣＳの一貫性があれば自然に独自性があるメッセージになり、逆にメッセージに独自性がなければ、ＢＡＳｉＣＳの一貫性を疑ってみるという相互チェックができる。メッセージが独自でない場合、メッセージの独自性と同時に、戦場における商品・サービスの独自性、さらには独自資源の独自性（変な表現だが）を確認する必要があるのだ。

眠気覚ましガム、ブラックブラックの場合、「眠気スッキリ」というメッセージは、辛いカフェイン入りのミントガムという製品の差別化と結びついており、メッセージと製品が一貫している。

独自性のあるメッセージは、独自性のある製品・サービスから産まれるものであって、優秀なコピーライターや広告代理店が考えてくれるものではない。差別化された良い製品があってこそ、差別化されたメッセージが生まれるのだ。

差別化されていない製品を売り方〝だけ〟で差別化するのは難しい。当たり前のことだが、短期的には、気の利いたキャッチコピーや宣伝で売れることはあるが、長期的には、商品力が重要になる。だからこそ、差別化された商品・サービスを生み出せる独自資源を長期的に考えていくことが経営者にとっては重要だ。戦略ＢＡＳｉＣＳのすべての要素が重要なのである。

◎物語の選び方もメッセージとなる

どのようなメッセージを発信するかは、差別化戦略に左右される。そして、どのような戦略をとるかによって、「組織で共有させたい物語」が変わる。

２００６年９月前後、スターバックスの店頭で、「バリスタがつくる、新しいカフェ文化。」という雑誌ｐｅｎが編集した８ページの小冊子が配布された。興味深いので、内容を紹介したい。タイトルに「バリスタ」（コーヒーをいれる名手）とあるように、スターバックスの従業員について紹介するような内容だ。

「お客様と話をして、好みやパーソナリティがわかるように心がけています。そうすると、自然に顔を覚え、次にいらしたときには、好みのドリンクをさっと用意することができるのです」というバリスタの声が紹介されている。また、「レジの前は顧客と身近にコミュニケーションできる場所。話しかける瞬間が楽しみです」という店員の声もある。

スターバックスは、顧客に、そして何よりも当の店員に、このような文化を根づかせたいのだろう。「顧客にこのような体験をしていただきたい」というメッセージであるとともに、「スターバックスの店員はこうあるべき」という社内へのメッセージでもあるのだ。

つまり、明確な「密着軸」戦略を（恐らくはグローバル規模で）志向しているのだ。そのために、小冊子に載せる従業員のコメントも、「顧客に話しかけるのが楽しみ」というものになるわけだ。これが、「手軽軸」での差別化戦略であれば、従業員のコメントは、「顧客をお待たせしないように、毎日工夫しています」というようなものになるだろう。

これは一見、些細なことに思われるが、そんなことはない。顧客や従業員が目にするものは戦略ではなく、このような小冊子なのだ。戦略の魂は細部に宿る。だからこそ、「戦略」と「メッセージ」を連動させる必要がある。経営者はそこまで気を配る必要があるのだ。

3

差別化ポイントを「価値」に翻訳する

「差別化」とは、競合よりも高い価値を顧客に提供すること。
だから「メッセージ」で伝えるべきことも「価値」だ。

◎――ターゲット顧客によって価値が違うので顧客に合わせてメッセージを変える

あなたは「製品」ではなく「顧客にとっての価値」、すなわちベネフィットを売っている。そして「差別化」とは、競合よりも高い価値を顧客に提供することだ。だから、「メッセージ」で伝えるべきことも「顧客にとっての価値」だ。

たとえば、こんな商品があったとして、あなたは欲しいだろうか？

「この骨伝導携帯電話は、耳ではなく、あなたの骨を通して振動で音が伝わって、よく聞こえます」

さて、買いたいだろうか？　恐らくほとんどの人の答えは「ＮＯ」だろう。必要性を感じられないからだ。ということは、携帯電話の店の窓口で、「骨伝導携帯電話が新しく発売されましたがいかがですか？」というメッセージを伝えても売れないということになる。欲求を換起できないのだ。

では、どんな人が買うのだろうか？　ここで出てくる答えで多いのは、「耳の聞こえにくい人」

という答えだ。なるほど、それはたしかに市場としてはあるだろう。では、他の顧客には売れないのだろうか？　あなたがビジネスパーソンに骨伝導携帯電話を売る営業担当者だったら、どのようなセールストーク（これもひとつの「メッセージ」だ）をするだろうか？　ひとつの考え方として、こういう方法がある。

①製品特徴▼骨を伝って声が聞こえる

これが、骨伝導携帯電話の製品特徴だ。顧客は、製品を買うのではないから、骨伝導自体には、顧客にとっては意味がなく、必要だとも欲しいとも思わない。そこで、「だから何？」と問う。

②機能的価値▼周りがうるさいところでもよく聞こえる

これで、ちょっと気持ちが動いたかもしれない。しかし、周りがうるさいところで携帯電話を使うだろうか？　さらに「だから何？」と問う。

③具体的な利用場面▼顧客と連絡がとりやすい

人混みでも大事な人と連絡が取れる。営業担当者であれば、顧客や会社からの大事な連絡も聞き間違えないし、「聞こえにくいのでもう1回お願いします」と何度もいわなくてよい。これで、大分価値がわかりやすくなった。ここでもう1回問うてみよう。「だから何？」

④顧客にとっての価値▼受注が増えて、自分にとってよいことがある

営業パーソンが、顧客に失礼もなく、電話も逃さないので受注が上がり、周囲から認められ、昇進できて給料が上がる。

「顧客にとっての価値」へと近づくにつれ、大分売りやすそうになってきたのがわかるだろう。このような骨伝導携帯電話を、このようにセールスされたらどうだろうか？　たとえばあなたが外回りの営業担当者だったとする。

「駅のホームや市街地の雑踏で顧客から電話がかかってくることがありますよね？　それが緊急で、かつ重要なこともありますよね？　そんなときに電話が聞き取りにくかったら、お困りになりませんか？　お客様に何回も聞き返すのも失礼ですよね？　そういうときにこちらの携帯でしたら、骨を通して聞こえますので、たとえ周りがうるさくてもかなり聞こえますよ……」

こういわれると、「骨を伝って聞こえる電話はいかがですか？」と売り込まれるよりは、大分聞く耳を持つのではないだろうか？　「それなら、ちょっと試させて」くらいにはなるかもしれない。

「メッセージ」で伝えるべきことは、まずは差別化ポイントだ。骨伝導携帯電話の差別化ポイントは、「うるさいところでも聞こえる」ということだ。差別化ポイントを「価値」へと翻訳するのがメッセージの役割でもある。

ちなみに、これが高齢者を親に持つ人に売る場合だったら、メッセージはまったく異なる。「ご両親にプレゼントされれば、安心して通話できますよ」というほうがよい。つまり人（ターゲット）

によって骨伝携帯導電話の価値が違うため、メッセージがまったく異なる。だからこそ、セグメンテーションして分けて対応する必要がある。同じメッセージで全員が買いたくなるのであれば、顧客を分ける必要がない。ここでも戦略ＢＡＳｉＣＳの各要素が連動している。

◎──経営者が顧客のことを知っているかどうかのチェックになる

このような、瑣末と見えることも経営者は知っておくべきだ。戦略の魂は細部に宿るということもあるが、それ以上に、経営者が「顧客のことをよく知っているか？」というチェックになるからだ。このような、顧客のココロに刺さるメッセージは、顧客の立場にならないと考えられない。

企業の衰退のひとつの典型的なパターンは、経営者が顧客から乖離することから始まる。「現場がわからなくなる」とは、要は顧客のニーズがわからなくなることだ。ビジネスは顧客に始まり、顧客に終わる。顧客は、「欲求」を満たすためにあなたから「買う」。そして、「メッセージ」とは、その「欲求」を喚起するものだ。

顧客のことをよく知らなければ、欲求を喚起するメッセージは作れない。そう考えれば、メッセージの重要性がわかるだろう。経営者が自らメッセージを作らなくてよい。しかし、自分は顧客を知っているかというチェックは、常にしたほうがよい。

4

顧客の欲求を喚起する

価値とは、顧客の欲求・欲望のことだ。それ以外のことには価値を見いだしにくい。だから価値を伝えるとは、顧客の「欲求を喚起する」ことになる。

◎マズローの説は使いにくい

前項で「価値を伝えよう」と書いたが、さらに「価値」とは何かと考えた場合、価値とは、顧客の欲求・欲望だ。自分が満たしたい欲求・欲望には価値があるし、それ以外のことには価値を見いだしにくいということだ。だから価値を伝えるとは、具体的には「欲求を喚起する」ということだ。

では、人間の「欲求」について、詳しく見ていくことにしよう。人間の欲求についての理論で有名なのは、マズローの欲求5段階説だろう。高校の授業などでも習うこともあるだろうし、ご存じの人も多いだろう。

簡単に説明すると、人間の欲求には低次から高次へという順で生理的欲求、安全欲求、所属・愛欲求、認知欲求、自己実現欲求の5つがあるという理論だ。そして、「低次」の生理的欲求が満たされると、順に「高次」の欲求を求めるようになるというものだ。

私もこの理論を実際に使ってみたことはあるが、問題が3つある。ひとつは、マズローは生理的欲求などの「低次」の欲求が満たされた後に「高次」の自己実現欲求などが求められるとしているが、必ずしもそうではない。

革命、独立戦争など、自由という「高次」の欲求のために、命という「低次」の欲求を投げ出して戦った人が多数存在する。そこまで極端でなくとも、高級車に乗る「見栄」という「高次」の欲求を満たすために衣食住という「低次」の欲求を切りつめることは珍しくない。

人間の欲求に「高次」も「低次」もないのだ。バッグを買うにしても「ブランド」という「名」を取る人もいれば、ブランドにこだわらず、「実」を取る人もいる。それは顧客セグメントによって異なる。

2つめは、5つの欲求の分類が分けにくいことだ。生理的欲求と安全欲求、所属・愛欲求と認知欲求は分けにくい。

3つめの問題は、5つもあると（少なくとも私は）覚えられない。本を見ながら考えるような理論は現場で使えない。

◎――アルダファーのERG理論

そこで、私はマズローの5つの欲求を3つにまとめた。そのほうが実戦で使いやすいからだ。それが以下の3つだ。例として洋服の場合を挙げてみた。

①生存欲求▼お金、健康、安全など

例／皮膚を外傷や日光から保護したい

②社会欲求▼家族、ステータスなど

例／カッコいいとほめられたい

③自己欲求▼成長、内的喜びなど

例／自分が満足する服を着たい

私のまとめ方は、心理学者のアルダファー氏が提唱したＥＲＧ理論という理論と偶然ではあるが非常によく似ている（もっともアルダファー氏は、私よりはるか以前にこの主張をしているが）。

アルダファー氏のＥＲＧ理論とは、マズローの欲求５段階説に修正を加え、

・Existence（存在）

・Relatedness（関係性）

・Growth（成長）

の３つにまとめたもので、その頭文字をとった理論だ。欲求５段階説よりはるかに使いやすく、実戦的だが、あまり知られていないのが残念だ。

尚、３つの分類はアルダファー氏とほぼ同じだが、経営・マーケティングという観点で私が相当アレンジしているので、至らない点がある場合にはアルダファー氏ではなく、私の責任である。では、３つの欲求を具体的に説明していこう。

人間の3大欲求

	欲求の内容	欲求の例
自己欲求	他人とは無関係に、自分の中で完結する	もっと成長したい、自分の思うとおりに生きたい、自分のこだわりを貫きたい、充実感を得たい、ストレス発散
社会欲求	他人との関係においてよく思われたい	名誉欲、良いものをみせびらかしたい、ちやほやされたい、異性にもてたい、家族と楽しい時間を過ごしたい
生存欲求	生き続けたい、肉体的な快楽	生きるためのお金が欲しい、駅から近い温かい家に住みたい、おいしいものを食べたい

①生存欲求▼身体的快楽

生存欲求とは身体的快楽だ。衣食住などの基本的な欲求、そしてさらにおいしいものが食べたいなどの欲求だ。肉体的なラクをしたい、たとえば駅から近い家に住みたい、移動はタクシーでというのは身体的快楽だ。ある意味、お金で満たしやすい欲求である。

たとえば、給料などはここに入る。就職できるできない、給料が上がる下がるなどは、この生存欲求だ。お金についても、いわゆるお金の価値(交換価値)はここに入る。したがって、低価格訴求などもここに分類される(見せびらかす価値としてのお金は社会欲求に入る)。

②社会欲求▶他人との関わりにおける心理的快楽

社会欲求とは、他人との関わりにおける快楽だ。恋人との楽しいひととき、家族との団らん、見栄をはれる、異性にモテる、威張れる（権威）、ほめられる（名誉）などがこの欲求である。評価軸は自分の中ではなく、他人の中にある。他人に認められたい欲求だ。「他人に見せるから」という理由で何かを買う場合にはここになる。

③自己欲求▶自分の中で完結する心理的快楽

社会欲求が他人にどう見えるか、他人とどう関わりを持つかという欲求であるのに対し、自己欲求は他人とは無関係に、自分の中で完結する欲求である。マイブームなどはその例で、他人にどう思われようが「自分が良いと思えば良い」ということである。スポーツの爽快感などはこれだ。オーディオなどは、他人に聴かせるわけではなく、自分で聴いて楽しむ場合に、お金と時間をかけてこだわりたいというのは典型的な自己欲求だ。評価軸が他人ではなく、自分の中だけにある。

学習などによって自分を成長させたいというのも自己欲求だ（これが他人に自慢するためのものであれば、それは社会的欲求になる）。生涯学習が就職・昇進のためではなく、学ぶ充実感のためであるとすれば、自己欲求に入る。また癒されたい、ストレスを発散したいというような欲求は肉体的でもなく社会的でもなく、この自己欲求に分類される。

マズローの欲求5段階説と違い、3大欲求ではどれが上でどれが下、どれが先でどれが後などと

ブランドバッグの3大欲求（例）

	欲求の内容	欲求の例
自己欲求	他人とは無関係に、自分の中で完結する	・自分へのご褒美 ・私はヴィトンにふさわしい（またはヴィトンが私にふさわしい）と思う
社会欲求	他人との関係においてよく思われたい	・みんなヴィトンを持っているので、私も持っていないと恥ずかしい ・「イケてるひと」と思われたい
生存欲求	生き続けたい、肉体的な快楽	・持ちやすくて、体への負担が少ない ・たくさん入って便利 ・品質が良く、飽きないデザインで長期間使えるので結局割安

いうことはない。むしろ売れている商品・サービスは、この3つの欲求を同時に満たしていることが多い。

外国製の高級ブランドバッグ、たとえばルイ・ヴィトンのバッグはなぜ人気なのだろうか？　3大欲求をどのように満たしているのか、考えてみていただきたい。正解というよりは、例としての回答を上に挙げておく。

人間は、自分の欲求に忠実であるからこそ、顧客の価値をうまく「欲求」として刺激すれば、顧客の心のボタン（ホットボタンと呼ばれる）を押すことができ、売れる。逆にいえば、これ以外のことを伝えても売りにくい。

骨伝導携帯電話の「骨伝導」とい

う製品特徴をそのまま伝えても、一部の人以外は欲しいと思わない。「この骨伝導携帯電話は、あなたの骨を通して振動で音が伝わるのでよく聞こえます」では、商品の物的特性・機能を紹介しているだけで、人間の3大欲求とは関係がないからだ。

物的特性は重要である。しかし、喫緊の必要性がある顧客を除き、それだけでは顧客は自分の欲求を満たしてくれるかどうかはわかりにくい。だから物的機能を欲求に翻訳する必要がある。これが、メッセージを作るということだ。意味不明な美しいキャッチコピーを作るのではなく、「売れる」文句、欲求に訴える売り文句を作るのだ。その際に、3大欲求はメッセージを考える使いやすい道具となる。

骨伝導携帯電話をビジネスパーソンに売る場合、多少強引ではあるが、たとえば以下のような欲求への訴え方ができるだろう。

生存欲求→あなたがどこにいらしても、あなたの顧客や上司とスムーズに確実にお話ができるので時間が節約でき、早く帰れてラクですよ。

社会欲求→あなたがどこにいらしても、あなたの顧客や上司とスムーズに確実にお話ができ、会社での評価も上がって昇進でき、自慢できます。

自己欲求→あなたがどこにいらしても、あなたの顧客や上司とスムーズに確実にお話ができ、プロジェクトが成功すれば達成感が味わえますよ。

これをそのままキャッチフレーズにするわけではない。少々露骨でいやらしくなってしまう。直接的に伝えずとも、そのように顧客に「感じて」いただけるキャッチコピーにするのだ。そうすれ

人間の3大欲求とメッセージ

生存欲求	社会欲求	自己欲求
健康 体脂肪が気になる方に (ヘルシア)	**家族** 子供と一緒にどこへ行こう (ステップワゴン)	**操作感** 駆け抜ける歓び (BMW)
低価格 安さ爆発! (さくらや)	**名誉** いつかは、クラウン	**パワーアップ** ファイト、一発! (リポビタンD)
生存 ドライブ中の眠気に (ブラックブラック)	**周囲** 息、さわやか! (クロレッツ)	**楽しさ** 楽しさふくらむバブルガム (バブリシャス)

ば、「自分にとって価値がある」と感じていただき、顧客も聞く耳を持ってくれるようになる。

ヒット商品のメッセージをピックアップしてまとめてみたのが上のチャートである。売れている商品は、メッセージも考えてあり、きちんと人間の3大欲求に直接的・間接的に訴求している。

「いつかはクラウン」という自動車の往年の名コピーは、典型的な社会欲求のひとつである名誉欲に訴えた。「クラウンに乗っているあなたは他人からうらやましがられますよ」という、他人にどう見えるかという欲求である。

BMWからのDMには「駆け抜ける歓び」というキャッチコピーが必

ずついてくる。これは、他人との関わりには関係のない、自分の中だけで完結するスピード感、操作感という自己欲求を訴求している。

各欲求の一番下には、「ガム」のキャッチコピーを、昔使われていたものも含めてのせてある。ガムは極端にいえば、砂糖・甘味料とガムベース（ゴムのようなもの）を混ぜて、伸ばしたり固めたりしたものだ。車も「運搬する」という基本機能は同じだ。

しかしどう伝えるか、そしてどの欲求に訴えるかという戦略によって、これだけ見え方が変わるのだ。もちろん、商品との組み合わせは重要である。ブラックブラックは眠気覚ましのために、辛い味とカフェインを配合している。バブリシャスガムはふくらむ。しかし、それをどう伝えるか、というのも等しく重要なのだ。

たとえば、「家」を売るにしても、どの欲求に訴えるかでまったく見せ方は違う。「生存欲求」に訴えるなら耐震機能などの安全性をメインに訴求する。「社会欲求」に訴えるなら、家族との団らん・会話の楽しさを訴求する。「自己欲求」でいくなら、達成感・充足感などを訴えることになろう。顧客は家を買うことによって、このような欲求を満たそうとしているわけだ。家を建てる際の作り方・工法を説明することも重要だが、その工法が持つ意味・欲求を伝えないと売れないのだ。「戦略を作ってはい終わり」ではなく、具体的にどのような顧客に、具体的にどのような欲求を訴求するか、まで考えなければ売れない。さらにいえば、顧客が目にするのは、そのような売り方であって、戦略ではない。効果がある戦略は、最後に顧客が目にするモノまでを考えるのだ。

法人顧客の3大欲求の例

3大欲求	欲求の内容	個人の欲求（例）	会社の欲求（例）
自己欲求	他人とは無関係に、自分の中で完結する	・仕事を自分のやりたいように進めたい ・目標を達成したい ・自分が成長できる	・創業者の理念を大事にしたい
社会欲求	他人との関係においてよく思われたい	・周囲に認められたい褒められたい ・狙っているあの人にアピール！	・社会に貢献したい ・ブランドイメージを向上したい
生存欲求	肉体的にラクしたい快楽	・早く帰りたい ・仕事をラクにしたい ・給料を上げたい	・売上・利益・株価を上げたい ・敵対的買収から守りたい

◎――3大欲求はどのようなカテゴリーの商品でも存在する

では、この3大欲求は、どのような商品でもあるのだろうか？

必ずとはいわないが、通常の場合はある。ただし法人顧客相手の場合は少々違って、図のようになる。

法人が相手の場合、法人と個人の両方の3大欲求を考える。法人としては、利益や売上が生存欲求になる。また、法人が何かを買う場合でも、その担当者はやはり「人」だ。だから、「早く帰れる」という生存欲求、「やりたい仕事ができる」という自己欲求などを訴求すればよい。

5 顧客を絞るほどメッセージは伝わる

絞られた顧客のために作られた鋭いメッセージのほうが、顧客のココロに突き刺さる。より具体的であるほど「自分向けのメッセージ」と認識されるからだ。

◎ メッセージは顧客に合わせて変える

メッセージは、通常顧客ターゲットに合わせて変える必要がある。内容は同じでいいかもしれないが、メッセージの出し方・表現方法はターゲットによって変えるべきだ。単純な話、男性と女性、大企業と中小企業とでは、遣う言葉が異なる。ピンと来る単語や例え話も異なる。

もちろん人によって違うだろうが、一般的には、男性だったら数値や理論的根拠を証明し、コスト対効果を計算して示すことが効果的だが、女性に対しては利用場面を視覚的に表現し、気持ちに訴えることが効果的だといわれる。

先ほどの骨伝導携帯電話の例で、「顧客とうるさいところでも会話できます」というのは、ビジネスパーソン、さらには外勤の人向けのメッセージである。これが学生がターゲットなら、「あなたが工事現場でバイト中でも大切な恋人・友人と確実に話ができ、良好な関係が保てます」と社会欲求を訴求するほうが効果的かもしれない。年配の人向けなら、「もっとラクに聞き取れます」という身体的なラクさ（生存欲求）を訴えたほうが良いかもしれない。

◎──顧客像が明確なほどメッセージも明確になる

メッセージは、顧客と密接に連動する。顧客像が具体的であるほど、売り文句も先鋭化し、顧客がより「ピンと来る」メッセージになのだ。学生は、ビジネスパーソン向けのメッセージには反応しにくいし、その逆もまた真なりだ。これも顧客を絞ったほうがいい理由のひとつだ。口臭予防ガムを売るときのことを考えてみよう。

万人向け　↓　口臭予防に
ビジネスパーソン向け　↓　職場での身だしなみ
営業パーソン向け　↓　顧客に不快な思いをさせないために

と絞るほど、メッセージがより具体的になる。さらに、顧客を絞るほど、媒体や販促手法も具体的になる。車で移動する営業パーソン向けなら、たとえばガソリンスタンドでサンプリングするなど、より突っ込んだ、具体的なアイディアが出てくる。

このような、絞られた顧客のために作られた鋭いメッセージのほうが、顧客のココロに突き刺さる。より具体的であるほど「自分向けのメッセージである」と認識されるからだ。逆にいえば、「メッセージ」は、ターゲットがきっちり絞られているかというチェックにもなるのだ。それも経営者がメッセージのことを知る必要があるひとつの理由だ。

さらに、伝えるメッセージによって、引きつけられる顧客が変わるという逆説的な関係も存在する。たとえば、「安いよ、安いよ、安いよ」というメッセージにのってくる顧客は、どのような顧客だろうか？　そう、「安さ」を求める顧客なのである。メッセージが顧客を決めるのだ。

80年代の米国で、電話サービスの価格競争が起こった。AT&T、MCIなどがしのぎを削って顧客獲得合戦を繰り広げたのだが、その主な武器が「価格」だった。安売りはもちろん、他社から乗り換えればキャッシュバックを行うなどの極端な競争が起きた。その結果わかったことは、「安さを売り物にすると、安さにつられる顧客が寄ってくる」ということだ。そのような顧客は、自社より他社が安くなれば簡単に乗り換えられてしまう、あまりありがたくない顧客だったのだ。その後各電話会社はポイントサービス、家族割引などの囲い込み施策へと舵を切っていった。

だから、メッセージは非常に重要で、担当者や広告代理店が勝手に決めていい性質のものではない。何を訴求するかにより、引きつける顧客が決まるのだ。その意味では、メッセージは非常に戦略的な決断である。ちなみに、メッセージの出来の悪さを広告代理店のせいにするのは筋違いだと私は思う。発注側にそのような戦略的な考え・発想がなければ、広告代理店は「単なる面白いCM」を作る。広告を制作する上でも、第三者の意見を仰ぐとより客観的な意見が得られることもあろう。

COLUMN

ブランドは、ブランド自体で存在し得ない

昨今、経営者の意識も大分「ブランド」に向いてきたようで、それ自体は良いことだと思う。しかし、ブランド育成は、指針であって目的ではない。「このようなブランドを育成する」という戦略があり、それに従って、たとえば製品、価格、販路、広告などの一貫的な努力の結果として、顧客のアタマのなかに生まれるのがブランドだ。そしてブランドは、広告だけで形作れるようなものではない。

たとえば、ソニーのブランドイメージは何だろうか？　考えてみて欲しい。おそらく、「革新的・新しい」「テクノロジー」「楽しい」「新しいライフスタイル」「小型製品」などが挙げられたのではないだろうか？

では、そのイメージはどこから来ているのか？　テレビCMからだろうか？　仮に、ソニーとまったく同じテレビCMを松下が流したら、ソニーと同じイメージを持つことができるのだろうか？　おそらく無理だろう。ソニーのイメージは、古くはトリニトロンテレビに始まり、「ウォークマン」「スタミナハンディカム」「VAIO」「AIBO」「プレイステーション」などの製品と離れて議論することはできない。これらの製品に共通するのが、先に挙げたソニーのイメージなのである。

ブランドイメージは、商品・サービスから独立して存在するわけではない。あくまで、実体としての商品やサービスと互いに支えあってこそ、ブランドが確立するのだ。CMは価値を伝えるという点で重要ではあるが、CMだけでブランドイメージができるわけではない。ブランドは、商品・サービスが提供する価値を中核として形作られるものなのだ。

この章のまとめ

戦術なき戦略は効果がない。戦略は、「メッセージ」という戦術に落とし込まれて、はじめて効果を発揮する。

メッセージは、差別化ポイントを価値に翻訳して顧客に伝えるもの。差別化は、顧客に伝わってはじめて「差別化」される。差別化は、顧客のココロの中で起きる。伝えたことでなく、伝わったことだけで顧客は判断する。

メッセージは戦略的であるべき。そのためには、競合に対して差別化されている、競合には使えないものであるべき。

メッセージを顧客にとっての価値として伝えるには、人間の 3 大欲求をとらえること。

顧客を絞るほど、メッセージが顧客に伝わりやすい、ピンと来るものになる。

経営者は、メッセージが顧客に伝わったかどうかまで確認する責任を負う。

戦略がメッセージに凝縮される。メッセージのチェックは戦略のチェックになる。

STEP 6

経営戦略統合フレームワーク

戦略BASiCSを実戦で使いこなす

1 戦略BASiCSのメリット

戦略BASiCSは、経営戦略の各要素を俯瞰し、一貫性をチェックし、勝てる戦略を作るための統合ツールである。

一貫性があり、モレなくチェックでき、効果的な戦略ができあがる

各章を通じて、経営戦略の主要5要素を詳細に見てきた。5つの要素を見ると、すべてシンプルで「当たり前のこと」のように思われた部分も多くあるだろう。実はここまで、マイケル・ポーター氏をはじめとする、様々な世界的な経営戦略論の先達の高度な理論の本質を説明してきたのだ。

個々の経営戦略論に詳しい人は読者の中にもいらっしゃるだろう。しかし、ポーター氏の競争理論、コトラー氏のマーケティング理論、コア・コンピタンス、RBVなどなどの様々な経営理論や要素を同時に操り、考えられたら天才だ。ウォートンMBAの教授ならできるかもしれないが、私のような凡人経営者には無理だし、やるべきだとも思わない。

しかし戦略BASiCSは、そのような天才にしかできないことを、私たち普通人にも可能にする道具である。複雑な計算もパソコンという道具によって簡単にできるようになったのと同じだ。

戦略ＢＡＳｉＣＳの５つの要素を一つひとつチェックし、相互の一貫性をとることにより、高度な経営戦略論のエッセンスが誰でも使えるようになるのだ。

ポイントは、ポーター氏がいい、コトラー氏が素晴らしいなどの個別具体的な戦略論ではなく、５つの戦略要素のどれが欠けても成功する経営戦略にはならないということ。そして、５つの要素は独立しているのではなく、相互に密接に連動しているということを感じていただけたかと思う。

その意味で、ポーター氏の『競争の戦略』やコトラー氏の『マーケティングマネジメント』だけ読んでも不十分で、その５つを統合して考えなければビジネス上の大きな成果は出ない。

戦略ＢＡＳｉＣＳは、

Battlefield：戦場・競合
Asset：独自資源
Strength：強み・差別化ポイント
Customer：顧客
Selling Message：メッセージ

という、経営戦略論の世界的な巨頭たちが主張してきた５つの経営戦略要素の本質を俯瞰し、一貫性をチェックし、競合優位があり、かつ顧客に受け入れられる戦略を作るための統合ツールなのだ。では、ここで戦略ＢＡＳｉＣＳを使うメリットを再確認しておきたい。

①戦略から戦術までを一貫して考えられる

戦術に落とし込めない戦略は机上の空論になり、戦略のない戦術は場当たり的になる。BASiCSのメリットのひとつは、社内外の状況・資源などの定番の分析に始まり、戦術レベルのメッセージなどまでを一貫して考えられるということだ。

まず、3つの差別化軸とそれをさらに細分化した6つのタイプの差別化で戦略が具体化される。この差別化戦略は、製品開発、販促などの戦術部分を決めていく際の具体的なガイドラインになる。また複雑で顧客に伝えられない、伝わらないような戦略は「メッセージ」の部分でチェックされる。また「メッセージ」という顧客に見える部分までには、3つの差別化戦略などの幾重もの戦略策定プロセスをチェックされてきているはずだ。戦略と戦術を相互にチェックできるのだ。

②シンプルなチェックリスト

戦略BASiCSは、戦場・競合、独自資源、強み・差別化ポイント、顧客、メッセージという戦略の最重要部分をモレなくチェックするシンプルなチェックリストになる。これらはチェックできて当たり前だというなかれ。私がコンサルティングさせていただく場合でも、最初から、これらの要素が分析され、整合性がとれている場合はまずない。経営者により得手不得手があって当然だ。9割以上の確率でどこかの視点や分析が不十分だったり、競合視点がごっそり抜けていたりする。

実際のコンサルティングでも、どれだけ強調しても、競合視点・顧客視点のどちらか（あるいは両方）は忘れがちになる。忘れないためには、チェックリストを持っているのがよい。買い物に行くときには、買うものをメモしておくのが最善の方法なのと同じことだ。

③効果の出やすい戦略ができる

ＢＡＳｉＣＳが美しく流れていれば、戦略は成功する、つまり長期的に売れる。なぜなら、

・自社の強みを重要視する顧客に絞り、
・顧客のココロに浮かぶ選択肢である競合に対して、
・自社の独自資源を活かして十分に差別化された価値のある製品・サービスを
・製品・サービスの強みが活きて、差別化されて、顧客の心に響くメッセージで売る

ことができれば、売れるのは当たり前だからだ。戦略ＢＡＳｉＣＳは、複雑に見える経営戦略を単純化し、ある意味当たり前のことを当たり前にやっていくためのシンプルなツールなのだ。

ただ、万能なツールというものは存在しない。ＢＡＳｉＣＳについても、どのような価値を顧客に提供するのかが出発点であり、ゴールでもある。一貫性があっても、顧客に価値のある商品・サービスが提供できなければどうしようもない。中心に置くべきは、「顧客にとっての価値」であり、

顧客が得る価値　＞　顧客が払う価値

という不等号を成立させるためのツールだということを忘れないようにしよう。

2

〈事例編〉強いBASiCSは美しい

成功している企業は、経営戦略の5要素間の一貫性が美しく流れる戦略BASiCSとなっている。

◎手軽軸▼利便性型のアマゾン

戦略BASiCSの一貫性がしっかりとれていると、5要素が美しく流れる。ここでは、3つの差別化軸ごとに典型例を取り上げて、BASiCS間の一貫性を味わっていただきたい。とくに、タテの美しい流れにご注目いただきたい。

ご存じネットショップの雄、アマゾンの戦略BASiCSは推測すると左ページのチャートのようになるだろう。アマゾンが戦っている戦場・市場は、いくつかあるが、最初に参入したのは書店だ。現在では家電、CD・DVDなどへと戦場を広げている。たとえば書店戦場では、基本的にはリアルの書店と競合している。リアル書店に対するアマゾンの強み・差別化ポイントは、ネットでの注文による、

①居ながらにして届く便利性と

戦略BASiCSと差別化戦略:
手軽軸

	手軽軸　利便性型：アマゾン	
戦場・競合	書店・家電店など	
独自資源	①翌日配送の仕組み・自社倉庫	②世界中から集まるウェブ作成・運営ノウハウ
差別化・強み	①居ながらにしてすぐ届く利便性・広く深い品揃え	②検索・注文しやすいHP
顧客セグメント	忙しくて店に行って買う時間のない人 商品知識があり、実物を見ずに買える人	
メッセージ	“and you're done” ™ :充実した品揃え、部屋に居ながら注文し翌日に受け取れる	

②検索・注文しやすいＨＰ

広く深い品揃えだろう。利便性に特化しているわけだ。それに対するリアル書店の強みは、

・本の中身を事前に確認できる
・行けばすぐその場で買える
・送料がかからない価格メリット

であろう。当日すぐその場で必要な顧客や、書店が開いている時間に書店の前を通る顧客はリアル書店で買う。しかし、１～２日なら待てる顧客に対してアマゾンは、

・翌日到着サービス
・一定額（07年5月現在、１５００円）以上の購買は送料無料
・目次の紹介と、中身を一部見せるシステムを一部の本に導入

などの対策で、書店の強みを相当

程度打ち消している。

3つの差別化戦略のところで、メインの差別化軸においては圧倒的に勝利し、他の2つの軸でも平均点以上を取ることが重要と述べた。これを敷衍《ふえん》すると、競合の強みには勝てずとも、圧倒的な差をつけられないようにすることが重要になる。アマゾンはこれらの各種施策で、リアル書店には追いつけなくとも、大きな差をつけられないようにはしているのだ。

そしてアマゾンの強みを支える独自資源が、

①ハード資源→翌日配送が可能な物流の仕組み、自社倉庫

②ソフト資源→世界中から集まるウェブ作成・運営ノウハウ

となる。

リアル書店のオンライン書店が、アマゾンに追いつけないのは、米国で先んじて成功したモデルを日本に導入した先行者利益に加え、この独自のノウハウにあるのだろう。世界各国で展開するアマゾンは、そのノウハウを世界中で試していることになる。

ウェブサイトを作ることは簡単でも、検索しやすく、注文しやすいウェブサイトとそこからスピーディに配送される仕組みを真似することは簡単ではない。だからこそ、これがアマゾンの〝独自の〟資源たりうるのだ。

顧客セグメントは、自分が欲しい本がわかっていて、書店に行く時間・手間を惜しむ人というのが第一義的なものとなろう。「人」というよりは、このようなベネフィットを求める「場合」、というほうが正確だろう。同じ「人」でも、書店に行って中身を検索したい場合もあれば、忙しいとき

には届けてほしいという「場合」があるだろうからだ。

そして、アマゾンのメッセージ、「and you're done™」は、「それであなたのやることは終わり」という意味であり、日本語のキャッチコピー的にいえば、「アマゾン。それだけですべてすむ」という感じになろうか。つまり、アマゾンだけで簡単にすべてが終わるという手軽軸のメッセージになっているわけだ。手軽軸差別化戦略を的確に表現している手軽軸のキャッチコピーなのだ。

ここではリアル書店を競合と置いたが、同じようなオンライン書店、たとえば楽天ブックスを競合とみる場合には、違うＢＡＳ・ｉＣＳとなる。競合が変われば戦略ＢＡＳ・ｉＣＳもまた変わる。

商品軸▼最高品質型の久保田（日本酒）

ＳＴＥＰ３で、商品軸の差別化戦略の例として軽く説明した、朝日酒造の日本酒ブランド久保田。その戦略ＢＡＳ・ｉＣＳは259ページのチャートのようになろう。

戦場は、日本酒全体と考えられる。新潟の会社の銘柄ではあるが、ここまで大きい銘柄になると、全国区で戦っているといえよう。その差別化戦略は、明確に商品軸の最高品質型だ。こだわりの原材料・製法を使った最高においしい日本酒を造り、おいしいままにお届けしている。差別化ポイントは、

①最高においしい日本酒
②おいしい日本酒をおいしいままに顧客の手元にお届け

となるだろう。それを支える独自資源が、それぞれに、

①原材料を独自に研究・開発、独自の製法

②低温流通の仕組み

となるだろう。①については、他にも最高クラスの品質の日本酒を造る蔵はあるかもしれない。しかし、②については、朝日酒造独自の低温流通の仕組みを作り上げた。これは強力な独自資源だ。低温流通の仕組みがなぜ差別化ポイントではなく独自資源かというと、低温流通そのものに価値があるのではなく、低温流通がもたらす顧客にとっての価値は、久保田をおいしいままに届けるということだからだ。その差別化ポイントとなるおいしさという価値を支えるのが、独自資源たる低温流通の仕組みなのだ。

もちろん、低温流通の仕組みは、おいしさという商品軸で勝負する久保田にとっては強力な差別化を可能にしてくれる。

顧客は、日本酒の強烈なファンだろう。日本酒1升に8000円以上かけるような顧客は相当限られており、その大部分がリピーターではなかろうか。苦労しても飲みたいというこだわりをもつ人がターゲットであり、手軽軸の「ラクに安く飲みたい」という人はターゲットにはなりえない。

メッセージは、久保田のメッセージではなく、朝日酒造全体についてではあるが、「酒造りは米作り」という主張を前面に押し出している。

一度朝日酒造のHPをご覧いただければと思う。明らかに酒という「モノ」「製法」「品質」についてのメッセージといえよう。これも、商品軸に沿ったメッセージであり、一貫性が美しくとれて

戦略BASiCSと差別化戦略:
商品軸

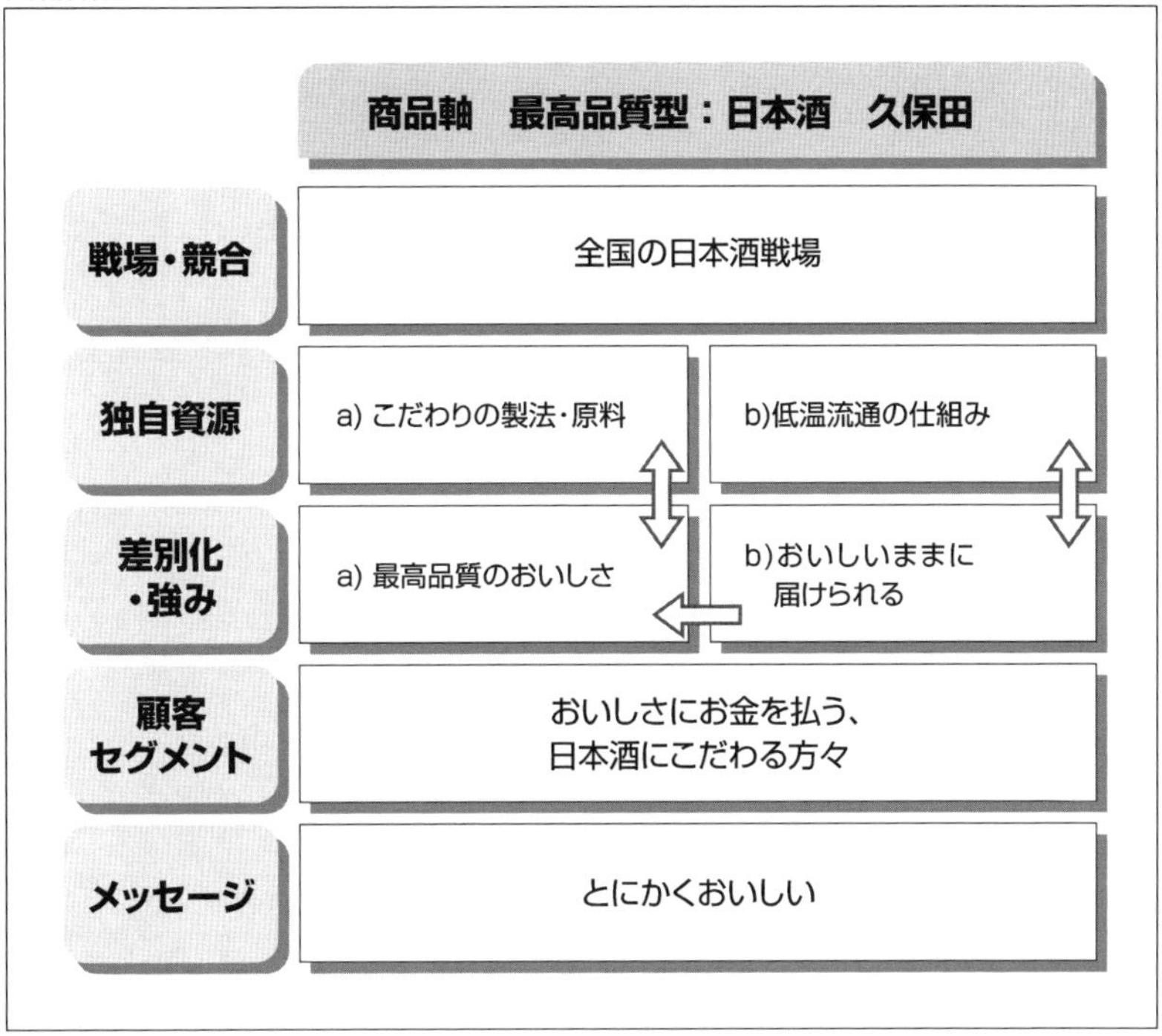

商品軸　最高品質型：日本酒　久保田		
戦場・競合	全国の日本酒戦場	
独自資源	a) こだわりの製法・原料	b) 低温流通の仕組み
差別化・強み	a) 最高品質のおいしさ	b) おいしいままに届けられる
顧客セグメント	おいしさにお金を払う、日本酒にこだわる方々	
メッセージ	とにかくおいしい	

いる。

◎――密着軸▼顧客密着型のスーパーオギノ

最後に、密着軸の戦略BASiCSを、STEP3で取り上げたスーパーオギノを使って説明してみたい。戦場は、小売業であるから基本的には立地産業であり、競合は近くにある山梨県内のスーパーマーケットとなろう。

オギノの強みは、優良顧客の好みを満足させる、ということだ。だから、顧客にとっての価値は、「私の欲しいモノがオギノにあればある」ということだ。高級ピクルスを好む優良顧客は、高級ピクルスが置いてあるオギノに行くのだ。

そして、強みを支える独自資源が、「高級ピクルスを買う方は他の高級商材も買う」ということを把握する情報システムと、それを使いこなすノウハウだ。ITシステムは高価な投資だから、それそのものでも独自資源になりうるが、ハードはお金を出せば買える。本当に重要なのは、データを読み取り使いこなすノウハウ、というソフトな独自資源だ。さらに、購買履歴が蓄積されればそれは他社にはないデータであるから、それも独自資源となり、その購買履歴を使ってニーズにあった提案ができるという強みも成立していよう。

顧客は、スーパーマーケットという業態ゆえに、あまり絞ることはできない。しかし、顧客を購買履歴データベースを使って「個客」として精緻に分類し、それにあったマーケティングを行うという意味では、精密なセグメンテーションをしている。

それがゆえに、メッセージも「個客」ごとに違うということになる。日本酒か焼酎を買ったことのある顧客には日本酒を勧奨するDMを送り、他の顧客には効果が低いので送らない。顧客を丁寧に分類し、顧客にあったDMを送るという「顧客密着」を地でいく戦略だ。

以上、成功業界の3つの実例を、私が推測できる範囲内で分析してみた。

戦略BASiCSが美しく流れる3社に共通するのは具体的手法ではない。差別化戦略が違うために、実施している具体的方策はまったく違う。

そうではなく、3社に共通するのは、戦略BASiCS、つまり経営戦略の重要な5要素間での

戦略BASiCSと差別化戦略：密着軸

	密着軸　顧客密着型：スーパー　オギノ	
戦場・競合	山梨県内のスーパーマーケット	
独自資源	ハード資源：購買データベースとポイントシステム	ソフト資源：データベースを使いこなす独自ノウハウ
差別化・強み	優良顧客の欲しい品物を的確に品揃え 顧客ニーズに合った提案力	
顧客セグメント	購買状況に応じてセグメント	
メッセージ	それぞれの顧客セグメントに 適したメッセージをDMで発送	

一貫性がきっちりとれているということなのだ。何をするかは、持っている独自資源などが違うために、変わって当然だ。真似るべきは、独自資源をいかに差別化ポイントへと転化し（または独自資源に支えられた差別化ポイントを考え）、競合より高い価値を顧客に提供するかという戦略的な一貫性だ。

強いBASiCSは美しい。物語のように美しく流れ、聞いていて違和感がない。

たとえば、久保田のBASiCSをまとめると、「日本酒戦場で戦っている久保田は、おいしさにこだわる顧客に、おいしさへのこだわりで差別化している。そのおいしさは、原材料・製法の独自性と、顧客においしいまま届けるという配送システムがあるからこそ可能なのだ。そして久保田はおいしさをメッセージにしている」となる。

一見した限りでは、「何を当たり前のことを」といわれるくらいに自然だ。しかし、優れた戦略BASiCSは、拍子抜けするくらいにわかりやすく、自然なのだ。だからこそ社員にも顧客にも伝わりやすく、社内のエネルギーを集中できる。

簡単そうに見えるかもしれないが、ここまでスムーズな戦略BASiCSを作るのはたやすいことではない。

3 戦略BASiCSを使いこなす

BASiCSの5要素全体を俯瞰し、一貫性がとれているか確認し、とれていなければどうするかを考える。

◎ 使い方1▼戦略の一貫性をとる

では、ここから戦略BASiCSの具体的な使い方を見ていこう。

まずは、BASiCSの5要素を一貫させ、全体最適を実現する。BASiCSの5要素を一つひとつ考えていくことも重要だが、全体を俯瞰してみて一貫性がとれているかどうか、とれていなければどうとっていくかを考えていくことが、それ以上に重要になる。

経営者の仕事は、営業、マーケティング、生産などの部分部分を改善する、いわゆる「部分最適」を図ることよりも、全体の戦略の一貫性をとって「全体最適」を図ることだ。よくある例では、たとえばすべての商品を自社で生産しているとして、

・営業部は、売上で評価される。すると、機会損失を減らすために幅広い品揃えを求める

・工場は、生産効率で評価される。すると、効率を上げるために、品揃えを減らしたい

となると、品揃えを広げたい営業部と狭めたい工場で意見が対立することになる。この対立は、それぞれの部分最適を求める営業部長・工場長には解決できず、その両方の上司である経営者が全体を最適化すべく判断することになる。

このような場合、一体どうするべきなのであろうか？　「顧客次第」ともいえるが、顧客によってニーズは異なる。幅広い品揃えが欲しい顧客を狙うのか、品揃えが狭くても低価格を優先する顧客を狙うのか、どうすればよいのか？

答えは、差別化戦略次第だ。自社のどの独自資源をどのように活用して差別化し、顧客に価値を提供するかが戦略の基本だ。何を優先するかは、「戦略次第」なのだ。密着軸型の戦略でいくのならば、顧客の利便性のために、ある程度生産効率は犠牲にしても、顧客のニーズに応えるべく幅広い品揃えをすべきだろう。手軽軸型の戦略、とくに最低価格型でいくのならば、コスト増を抑えるために、生産効率を上げるべく品揃えを減らすだろう。その両立を図るために、主要商品は自社生産、そうでないものは他社から買いつけるなどということもできるかもしれないが、そのようなことができずに二者択一の選択肢しかない場合には、戦略に沿って決めることになる。

このような戦略意識を共有し、社内全体のベクトルを合わせ、あなたが決めた戦略を実行する上で、戦略ＢＡＳｉＣＳのような考え方を社員全員で共有することは重要だ。

また、コンサルティングをしているとよくある例として、「強みがありません」という答えが出てくることもある。あなたの会社の売上が限りなくゼロであったり、創立間もなければその可能性はたしかにあるが、業績が芳しくない会社でも、ある程度の売上はあるだろう。その場合、顧客があなたの商品・サービスを買う何らかの理由はあるはずだ。顧客に「他社の商品ではなく、弊社の商品をお買いあげいただく理由は何ですか?」「他店ではなく当店でお買いあげいただく理由は何ですか?」と突っ込んで聞いていけば、何らかの理由は出るはずだ。「強みがありません」という答えが返ってくるときは、自分で自分の強みがわかってないわけだから、それがメッセージにも反映されていないだろう。そのような場合には、メッセージを色々変えて試してみる価値はある。

ＢＡＳｉＣＳを確認して、「それでよし」となれば、その戦略に合わせ、組織や人事評価の一貫性をとっていく。３つの差別化戦略軸ごとに必要な独自資源が違い、それに合わせて組織の作り方や人の育て方が違うということはＳＴＥＰ３で書いた。組織は戦略に従う。組織形態が重要なのではなく、それによって何を達成したいかという戦略がその前に必要かつ重要なのだ。

◎──考えるときは「顧客」と「強み」から入るのがコツ

私の今までのコンサルティングなどでの経験では、戦略ＢＡＳｉＣＳで最も多く受ける質問は、「どのような順番で考えればいいんですか?」というものだ。その質問に対する一般的な答えは、「全部同時に」となる。

というのは、たとえば「戦場」、つまり競合の分析から始めたとして、自分たちが競合だと思っていた会社・製品は、顧客は競合だと思っていなかった（顧客の選択肢に入っていなかった）場合に、競合分析が無駄になる。むしろ、仮説でも良いので、まずはＢＡＳｉＣＳ全体を俯瞰しながらざっくりと考えてみることが有効だ。

ただ、BASiCSを数多く作った（使った）経験上、セオリーはある。通常、C（顧客）か、S（差別化・強み）から入るとうまくいくことが多い。理由は、この2つが顧客接点におけるカギになるからだ。顧客が競合と自社を比較して、自社の強みを評価して選ぶかどうか、ここに戦略課題が凝縮されやすいからだ。

顧客から入る場合は、顧客セグメントが想定されれば、競合が決まる。一瞬のうちに決まるわけではなく、顧客リサーチなどを行うこともあるので時間はかかるが、顧客が決まれば、競合がどこになるかは顧客が決める。競合が決まればこれまた自動的に、競合に対する自社の差別化ポイントがまた決まる。これも顧客が決めることで、「なぜその競合でなく、弊社から買っていただけるのですか？」という質問に対する顧客の答えが差別化ポイントだからだ。差別化ポイントが決まれば、それを支えている社内の独自資源は、あなたは多分知っているだろう。

顧客のココロを類推することは可能だが、一方的に決めつけるのは危険すぎる。顧客に、競合や自社の差別化ポイントについて聞いてみると、予想とは違った答えが返ってくることも多い。さらに、顧客にリサーチしても本音が出てこない場合もある。厳密にしようとすればするほど時間と費用がかかるので、どこまで厳密性を求めるかというのも、経営者であるあなたの決断次第だ。「エイヤ！」で決めると独りよがりになるし、顧客に真っ正直に聞いても本音は出てこないことが多い。日頃からいかに顧客に接して、その本音とココロを知るのが王道であり、また営業力でもある。各部署のトップや現場など、様々な意見を聞いてみるとよい。相当違う認識が出てくるはずだ。誰が正しいということではなく、幅広い意見を聞いてみて、「こうではないか」という仮の結論（仮説）をもって、経営者であるあなたが自ら顧客に直接聞いてみるのが理想だ。

戦略ＢＡＳ·ｉＣＳは１回考えてすぐ決まるものでもない。何回も何回も考え直す、作り直すのが普通だ。１回で真の結論にたどり着くことは経験上非常に希だ。テストマーケティングを行うなどして、何回もＢＡＳ·ｉＣＳを回すほど、望ましい戦略ＢＡＳ·ｉＣＳに近づく。いいたいことが決まっている文章でさえ何回も推敲するのに、やりたいことが不確定な戦略に推敲が不要なわけがない。

ちなみに、私が考えるときは、ＢＡＳ·ｉＣＳの５要素を同時にガラガラと動かしながら考える。たとえば、「新しい顧客を狙おうとすると競合商品（戦場）が変わるし、差別化ポイント（強み）が変わるから広告メッセージ（売り文句）も変わる。そうなると、今までの顧客から反感を買うかもしれない。その場合、こちらの差別化ポイントをいうようにすれば、今の顧客には違和感がないが、果たしてそれは新しい顧客には魅力的な広告（売り文句）となるのだろうか……」と、５要素間の相互作用・トレードオフをアタマの中で同時にシミュレーションする。

さすがに慣れないとそのような芸当は難しいが、繰り返すうちにできるようになる。そのためのトレーニング方法は後ほど紹介する。

一貫性をとる際のチェックポイントは数多くある。拙著『マーケティング戦略実行チェック99』（日本能率協会マネジメントセンター）では、そのチェックポイントを体系的にまとめているので、よろしければご参照いただきたい。ここでは、その中でもとくに重要なチェックポイントを抜粋した。

①競合とどのように差別化するのか？（競合↔差別化）

まずは競合と差別化することが競争戦略のポイントだ。高級化粧品市場では、高級であることは当たり前なので差別化にならない。顧客のアタマの中に浮かぶ選択肢（競合）に対して、3つの差別化軸・6タイプの差別化戦略の中のどれで差別化していくのか？

②差別化戦略は独自資源に支えられているか？（差別化↔独自資源）

どの差別化戦略でいくにしても、その戦略が「競合が持っていない独自資源」に支えられていなければ、すぐに競合に真似されてしまう。そのような独自資源がなければ、ハードな資源、ソフトな資源をどのように獲得していくのか？

③強み・差別化を評価する顧客セグメントを選んでいるか？（差別化↔顧客）

顧客セグメントを恣意的に選ぶのではなく、相思相愛になれる顧客セグメントを選んでいるか？つまり顧客が自社の強み（差別化戦略）を重要視し、かつ自社にとっても取引したい顧客であるという両方の条件を満たしているか？

④メッセージは差別化・強みが直接的・間接的にわかりやすく伝わるか？（差別化↔メッセージ）

差別化戦略は、顧客に伝わり、それが顧客にとって価値があると認識していただいて、初めて

「差別化」となる。必ずしも直接的に表現する必要はないが、メッセージと差別化戦略は一貫している必要はある。

ごらんのように、4つのチェックポイントすべてにおいて「差別化」が戦略の核になっている。ここまでのチェックポイントをクリアしていれば、メッセージは差別化され、競合に容易に真似のできない、しかも狙った顧客セグメントには非常に魅力的なものになっているはずだ。そうなっていなければ、再度B（戦場・競合）、A（独自資源）、S（差別化戦略・強み）、C（顧客セグメント）をチェックすることになる。

◎──使い方2▼短期戦略を考える

短期戦略を考える際には、自社のBASiCSの一貫性をとる。戦場を変える、独自資源を育成させることは短期的には難しいので、短期戦略では、今持っている独自資源・強みなどをどのように使うかということが主眼になる。

・今ある独自資源をどう活用して差別化ポイントを作るか
・今持っている強みを他の顧客セグメントに転用できないか
・メッセージを変えて他の顧客セグメントにアピールできないか

という短期的な打ち手を考える。

ただ、これは長期戦略と一貫している必要がある。将来的に育てていくべき独自資源・差別化戦略（手軽・商品・密着の3つの軸）と一致している必要がある。将来的には捨てていく独自資源を使うのは効率が悪い。

さらに、短期戦略と長期戦略が食い違うと、社員も顧客も混乱する。あくまでも私見だが、2000年以降のマクドナルドの苦境は、戦略そのものの是非よりも、戦略がぶれたように「見えた」ことも要因のひとつだと考える。

・2000年2月　平日半額セール開始　平日はハンバーガーが65円に
・2002年2月　平日半額セール停止、ハンバーガー1個80円に
・2002年8月　再度値下げ、ハンバーガー1個59円に
・2003年7月　再度値上げ、ハンバーガー1個80円に
・2004年6月　高級メニューマックグラン（315円）投入
・2005年4月　100円マック投入、マックグラン値下げ
・2005年後半　マックグラン販売中止

と、手軽軸と商品軸の狭間でぶれているように見える。それは、顧客の視点では誰がどのようなときにマクドナルドに行けばよいのか混乱するということを意味する。混乱した脳は、NOという。わからなければ買わないというのが人間の心情だ。

効率性、集中、社員や顧客の混乱などの理由から、短期的には手軽軸、長期的には商品軸で、などという短期と長期の不整合は避けたほうがよい。

戦略BASiCSの短期的な使い方

逆にいえば、長期戦略を見据えながら、それと一貫する短期戦略を考えることが重要だ。

◎——使い方3▼長期戦略を考える

次に、いよいよ戦略BASiCSを長期戦略に使う方法を見ていこう。これが戦略BASiCSが最大の効果を発揮する使い方だ。ぜひ、273ページのチャートを拡大コピーしていただくなどして、空欄を実際に埋めながら考えてみていただきたい。

①自社のBASiCSを確認する

まずは、あなたの現在のBASiCSを確認する。ここは、使い方1

と同じになる。「独自資源がない」という結論が出たとしても、それはそれでやむをえないので先に進む。短期的には独自資源は獲得できないので（他社でも短期的に育成できる資源は「独自」資源とは呼ばない）、長期的に考えることになる。

この時点では、「我が社には独自資源と呼べるものも強みと呼べるものもほとんどない」というショッキングな事実が出てきても、それはそれでよしとする。そのような場合も少なくはないので、それほど落ち込むことはない。それが現実ならば、危機感を持って受け止め、その危機感を独自資源を育成する真剣さの糧としよう。通常は何らかの強みはある。見つかっていないだけだ。

②競合のBASiCSを推測する

次に、競合のＢＡＳiＣＳを推測する。もちろん内部情報はわからないかもしれないが、独自資源以外の要素は、外から見てもわかるはずだ。とくに、顧客視点で競合を見た場合に、自社と比べてどう違って見えるのかは絶対に確認しておく必要がある。

競合の現在のＢＡＳiＣＳだけではなく、競合の将来のＢＡＳiＣＳまで推測できればなお良い。自社のＢＡＳiＣＳの隣に競合のＢＡＳiＣＳを置いて考える。競合が何をしようとしているかを見据えて、自社の将来のＢＡＳiＣＳを考えていく。

競合は１社とは限らない。たとえばマクドナルドが競合のＢＡＳiＣＳを作る際には、たとえば、

・ファストフード市場（吉野家など）

・テイクアウト市場（コンビニ、弁当店など）

戦略BASiCSで長期戦略を構築1

	1）自社のBASiCSを確認	2）競合のBASiCSを確認
戦場・競合		
独自資源		
差別化・強み		
顧客セグメント		
メッセージ		

・カフェ市場（スターバックス、ドトールなど）
・軽食・デザート市場（ミスタードーナツなど）

となり、それぞれ別々に4枚のBASiCSを書くことになる。

顧客セグメントが違えば競合が違うのは当然で、すると差別化ポイントも異なるため、戦略BASiCSもそれぞれ別々になるからだ。すべての顧客・競合に対応することはできないので、優先順位をつけ、重要な順に対策していく。

③競合のBASiCSに勝てるような、自社の将来のBASiCSを考える

自社の現在のBASiCSと、競合のBASiCSを比べて、どうす

れば競合に勝てるかを考える。ここは、会社によって状況が違う。とくに重要なソフトな独自資源の源は、結局は人だ。どのような人材が会社にいるかによって、どのような差別化をし、どのような独自資源を育てるかが大幅に変わる。

現在の戦略ＢＡＳｉＣＳでは、たとえば独自資源が空欄で埋まらない（独自と呼べる資源が存在しない）などのことはあるかもしれない。それはそれでやむをえないので、目先の売上を確保する短期的な打ち手は別にとりつつ、将来競合に勝てるような戦略ＢＡＳｉＣＳを考える。会社が育てるべき独自資源を見抜くのも経営者の仕事で、それはまさに経営者としての仕事の醍醐味とも呼べるものだと私は思う。

④現状と将来のBASiCSを比べ、ギャップを埋める計画案を作る

とくに経営者としては、以下の点を考え、社員に伝える必要がある。なぜなら、これは経営者の専管事項であり、社員が決められる性質のものではないからだ。

・どの戦場で戦うか、競合は誰か？

そもそもどの戦場で戦うのかは、Ｍ＆Ａ、新規参入、撤退も含めて、経営者が考えることだ。提案は社員から挙がってくることはあっても、経営者が決断すべきことだ。

・どの顧客をターゲットとし、どの顧客をあきらめるか？

逆にいえば、どの顧客は諦めるかということだ。ＳＴＥＰ４で紹介した京王百貨店の割り切りを思い出していただきたい。経営者以外には、「この顧客には売れなくていい。その分の売上低下は

戦略BASiCSで
長期戦略を構築2

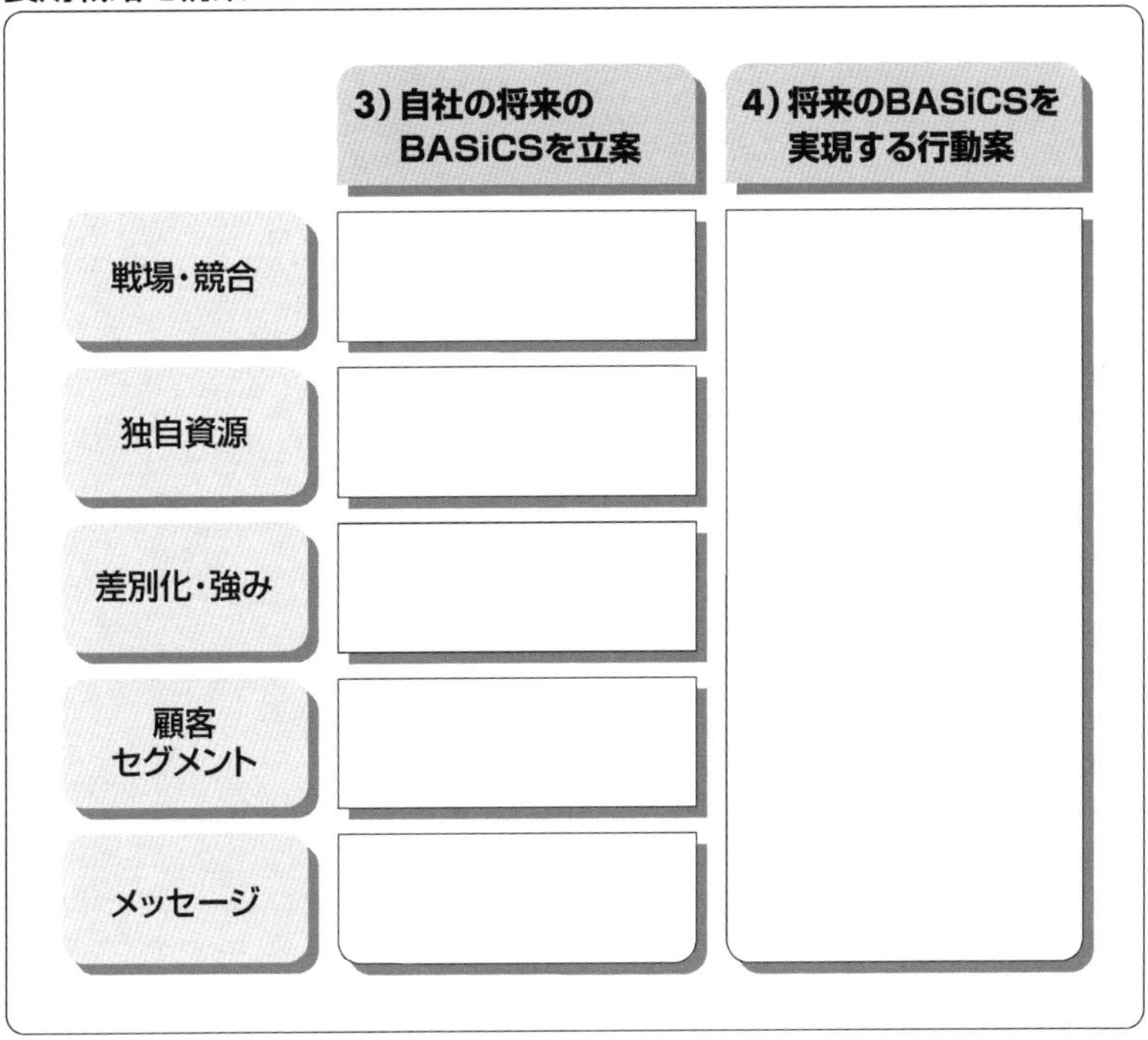

	3）自社の将来のBASiCSを立案	4）将来のBASiCSを実現する行動案
戦場・競合		
独自資源		
差別化・強み		
顧客セグメント		
メッセージ		

やむをえない」という決定はできない。

・競合と差別化するためにどのような独自資源を育てていくか？

ハード資源、ソフト資源の獲得には時間がかかる。時間がかかるようなものでなければ「独自」とはいえない。設備にしても、簡単に買えるものではなく、シャープの液晶工場、亀山工場のように投資、ノウハウなどからそう簡単に手に入れられるものでなければ「独自」とはいえず、長期的差別化は難しい。

この「どのような独自資源を持つか？」というのは、経営者の重要な意思決定になる。もちろんそれは戦略次第だ。「最低価格型」戦略でいくなら、規模の利益を追い、設備投資などを強化するだろうし、「顧客密着型」でいくなら、データベース充実のためのＩＴ投資や、顧客接点の人材育成・教育などに投資し、優秀な顧客対応ができる人材をつなぎ止める人事システムなどを全力でつくり上げることになる。これが経営判断なのだ。

このような、経営レベルの問題を考え、社員にしっかりと伝えていくことがポイントになる。その意味で戦略ＢＡＳｉＣＳは、たとえＢＡＳｉＣＳと呼ばないにしても、同じような考え方は会社の共通言語として、全社員が知っておくべきだ。ミーティング、挨拶、トレーニングなどあらゆる機会を通じて、社員に広めていったほうがよい。

戦略ＢＡＳｉＣＳの使い方で経営者の方からよく質問をいただくのが、戦場・競合や、顧客セグメントが複数ある場合にはどうすればよいかということだ。基本的には、戦場が複数ある場合には、顧客が求める価値も違うはずで、顧客が求める価値の分だけ戦略ＢＡＳｉＣＳが必要になる。競合や顧客が複数になると複雑になるので、それも顧客を絞る理由のひとつになる。

4 戦略BASiCSのコンサルティング例

数年前に行った首都圏のオフィスビルのコンサルティング例を紹介する。実話に基づいたフィクションと考えていただければよい。

◎オフィスビルのテナント獲得戦略

本来であれば、実際に戦略ＢＡＳｉＣＳを使ったコンサルティング例をご紹介したいのだが、ほぼすべてのコンサルティングは守秘義務を負うので、具体的な内容が明らかにできない。ただ、そんな中でも顧客が特定できないような形で、戦略ＢＡＳｉＣＳの適用例をご紹介しよう。実話に基づいたフィクションと考えていただければよい。

数年前に行った首都圏のオフィスビルのコンサルティング例で名前はＺビルとしておく。特定されないように、内容は若干変更していることをご了承いただきたい。

①背景

Ｚビルは首都圏に立地し、比較的最近に建設されたその地域では唯一といってもよい、圧倒的なハイグレードオフィスビルだった。そのため、強い競争力を持っていた。ハイグレードなビルという強力な「ハードな独自資源」が存在し、それが差別化につながっていたのだ。そのビルに入居できること自体がステータスになっていた。

しかし2000年代初頭、オフィスビルの供給が増加、とくに六本木などの東京都心に建設された超高級オフィスビルにより、首都圏のオフィスビル市場の競合は激化。マーケティング・販売はうまくいっていたが、将来的な対応策も含めて、マーケティング戦略・戦術をさらに強化すべく、私たちに依頼があった。

②顧客ヒアリング

まず私たちが行ったのは、既存テナントへのヒアリングだ。ほぼすべての会社についていえることだが、既存顧客が「なぜ自社を選んだか」というのは、意外と正確に把握していないものだ。もちろん、Zビルでもいわゆる満足度調査などは行っていたので、一般的にやるべきことはしっかりやっていた。しかし、戦略BASiCSなどに基づく、「戦略的」な顧客調査は行っていなかった。戦略BASiCSのような手法も、戦略的な調査手法も一般的に知られていないので、やむをえないところだろう。

詳細な調査の手法は明らかにできないが、基本的には戦略BASiCSのフレームワークに基づいている。たとえば、

戦場・競合→Zビルへの入居を検討する際に、競合となったビルはどこか?

差別化→なぜ、その競合ビルでなく、Zビルに入居されたのか？
メッセージ→魅力的に感じたセールストークは何だったのか？

を徹底的に洗い出していった。また、戦略BASiCSの「C」、つまり既存顧客の業種、ビルの使い方、入っている部署についてはZビルが詳細な情報を持っていたので、それをそのまま使った。つまり、「どのような顧客が、どのような競合に対して、どのような強みを評価して」Zビルに入居されたのか、ということを時間をかけて体系的に洗い出していったのだ。

他のコンサルティングの場合でも、私の頭の中では、BASiCSの5要素を俯瞰しながら「これが変わればこうなる」というような処理が行われるが、実際の作業では、

・S（差別化・強み）
・C（顧客セグメント）

のどちらか、または両方から分析に入るということが多い。経験的に「誰が、なぜ」自社の商品・サービスを買っているのか、買っていないのかという点に経営戦略の問題点が凝縮されるからだ。競争は、会議室で起きているのではなく、顧客のココロの中で起きている。だからS（差別化・強み）とC（顧客セグメント）から入るのが近道なのだ。

今回も、答えは「C」（顧客）の中にあった。当初、Zビルと私たちで立てた仮説は、やはりZビルのブランド力に強みがあるのではないかと考えていた。しかし、顧客ヒアリングの結果わかったことは、まったく違うことだった。

テナント数十社のヒアリングを終え、それをまとめていった。ちなみに、経営コンサルティング

というと会議室でプロジェクターを前に話すような華麗なイメージがあるかもしれないが、それは本当にごく一部でしかない。少なくとも私がやる場合は、このように顧客の声を徹底的に聞き（それもなるべく自分で聞くようにしている）、それを一つひとつ洗い出してまとめていくという地道で泥臭い作業なのだ。決して「カッコイイ」類のものではない。

その結果わかったことは、「顧客セグメントによって求める価値が大きく異なる」という、いわれれば当たり前のことだが、顧客にも私にも仮説段階ではあまり考えなかったことだったのだ。もちろん、ビルの設備、ブランド力などの基本的な部分についてはどの顧客にとっても同じだ。しかし、さらに詳細について見てみると、顧客によって、購買決定基準がまったく違ったのだ。

たとえば、Ｚビルには外資系の会社の本社が多く入っていた。外資系であれば、外国本社からの顧客をお出迎えするため、空港からのアクセスや、宿泊するホテルのグレードなどがポイントになる。また、外資系トップは外国人であることが多いため、外国人居住地への近さも評価された。このようなことは顧客に聞いてみるまでわからない。

他に、コールセンターの会社も入居していた。その場合には、まず地盤の強さが重視される。多額の設備投資を行いＩＴ設備を整えるため、地震で大きな損失を出したくないからだ。また、コールセンターは、豊富な女性労働力を必要とする。Ｚビルは都心のど真ん中ではなく、若干郊外よりに立地しており、沿線の近くは住宅地だった。コールセンターで働く女性を採用しやすいのだ。

しかも、そのビルは大規模ショッピングセンターを併設しており、女性の買い物にも便利なのだ。これも、「都心のほうがブランド力が高くて有利」という仮説とは反対のことだった。

戦略BASiCS実戦例：
Zビル（オフィスビル）

	以前の戦略BASiCS
B：戦場・競合	首都圏オフィスビル
A：独自資源	ハイグレードな設備・好立地
S：強み・差別化	ハイグレードな設備
C：顧客	首都圏の大企業
S：メッセージ	あのZビルに入りませんか？

さらに意外なセグメントもあった。地場の優良中規模企業だ。そのような会社にとっては、都心の超ハイグレードビルの家賃は高すぎて入れない。

Zビルはもちろんハイグレードビルで、家賃は決して安くない。しかし、比較対象（競合）が「六本木の超ハイグレードビル」であれば、そのハイグレードなZビルにしても、「低価格」が武器になるのだ。

そして中規模企業にとっては、Zビルの名前が名刺や会社案内や会社案内などに書けるということが信用力を補完する大きなメリットになる。「あのZビルに入れますよ」というのが、大上段ではあるが魅力的なメッセージになるのだ。

スターバックスは、ドトールに比べれば高級という「商品軸」が強みになるが、本当の高級カフェに比べると、「低価格でそれなりにおいしい」という「手軽軸」が強みとなる。競合によって、メッセージが変わる典型例だが、それと同じようなことが、ここでも起きていたのだ。競争戦略のパターンは非常に普遍的で、似たようなパターンが業種・業態を問わず起きるのだ。このセグメントに限っては、戦場（比較対象）が「超ハイグレードビル」であるために、Zビルは「低価格」というのが差別化ポイントになるのだ。

売り物は、「Zビル」という同じものだ。しかし、重視されていることは、顧客セグメントによりまったく違っていたのだった。これでは、顧客を同じに扱っていたのでは、まったく効果のないどころか逆効果になりえる「メッセージ」を発信しかねない。私自身でも経験するのだが、自分の強みを一番よく知っていたのは、自分ではなく、顧客だったという好例だ。

戦略転換をするにしても、ビルを建て直すことは現実的には不可能だ。しかし、同じモノをどのように、「顧客の視点で解釈するか」というのは、戦略の大きな転換点たりうる。それにより、人事・組織、営業、マーケティングなどがすべて変わるからだ。

さらに、設備は他の超高級ビルと同じでも、「住宅地に近い立地」「空港や高速道路へのアクセス」などの立地となるは、他の高級ビルにない独自資源となる。「独自」資源に基づいた差別化は、当然「独自」になり、「差別化」することが可能になる。立地を真似ることは不可能なのだ。むしろそのような強みを顧客は冷静に評価しており、そのときのようなテナント構成になっていたのだ。

**戦略BASiCS実戦例:
Zビル（オフィスビル）**

	コンサルティング後の戦略BASiCS 1	
B:戦場・競合	首都圏オフィスビル	
A:独自資源	立地	立地・地盤
S:強み・差別化	空港アクセス・宿泊 外国人居住地	堅固な地盤 背後に住宅地 隣接したショッピングセンター
C:顧客	外資系本社	コールセンター
S:メッセージ	空港からXX分!	堅固な地盤 女性労働力豊富!

③行った施策

この結果を見て、私たちは、「セグメントごとの対応」という基本戦略を打ち出した。たとえ戦場は「首都圏オフィスビル」と同じでも、顧客セグメントによって戦い方がまったく違う。

ここで、「メッセージ」のチェックに入っていった。たとえばビルの案内書、ウェブサイトなどをチェックしていくと、かなり充実してはいたが、前述のような顧客が知りたいような形で体系的には整理されていなかった。そこで、Zビルと私たちは、「セグメント別のメッセージを打ち出す」という基本戦略を戦術へと落とし込んでいった。

具体的には、2つになる。ひとつ

戦略BASiCS実戦例:
Zビル（オフィスビル）

コンサルティング後の戦略 BASiCS 2	
B:戦場・競合	地域オフィスビル
A:独自資源	立地場所、ハイグレード設備
S:強み・差別化	広い駐車場・車寄せ、高速道路アクセス、貸し会議室、ブランド力
C:顧客	営業支社
S:メッセージ	駐車場の写真、高速のランプに近い、貸し会議室の写真と使い方

は、営業の優先順位づけだ。外資系の会社や、営業支社には強みが活かせるので、営業の優先順位を高めた。また外資系企業を誘致したい自治体との連携も強化した。

もうひとつは、広告媒体や営業ツールの変更だ。

この場合は、営業パーソンが主要な「戦略実行主体」となる。とくに、電話を受けた際に送る資料、プレゼンテーションに行く際に使う資料などは、顧客セグメントによってまったく変えた。同じビルを説明するにしても顧客セグメントによって購買決定基準（求める価値）がまったく違うからだ。他の媒体もそれに準じて、同じ戦略をとった。

顧客にとって、自分に関係ない情

戦略BASiCS実戦例:
Zビル(オフィスビル)

コンサルティング後の戦略 BASiCS 3	
B:戦場・競合	超ハイグレードビル
A:独自資源	郊外立地
S:強み・差別化	ブランド力
C:顧客	地域優良中規模企業
S:メッセージ	あの「高級ビル」に入れます

報はじゃまになる。「地盤が強固」ということは、コールセンターにとっては強烈な差別化ポイントになるが、それほど気にしない顧客にとっては、他の要素のほうが重要になる。顧客ヒアリングを戦略ＢＡＳｉＣＳにそった形式に沿って行うことにより、「競合（比較されるビル）」「独自資源」「差別化ポイント」「顧客セグメント」「メッセージ（営業ツール）」が顧客セグメントごとに一貫性を持ち、「顧客の聞きたいこと」が伝えられる広告・営業戦略ができるようになった。

④成果

具体的成果は明らかにできないが、成果は、

①問い合わせ・成約の増加：戦術レベルまでのコンサルティングだったこともあり、成果はすぐに表れた。実施直後に、数件の成約がとれたという。

②戦略の明確化：やるべきことが明確になり、営業パーソンの行動に優先順位・フォーカスが出た。

ということだ。顧客視点ですべてを変更したのだから、効果が出るのは当たり前ではあるが、今まで顧客を一括りにしていた営業戦略ではなかなかできなかったことだ。

使ったツールは、基本的にはセグメンテーションというシンプルなツールだ。やったことは一見当たり前のように見える。しかしBAS・iCSという軸をセグメンテーションに加えたことで、「どの顧客セグメントが、どのような競合ビルを考え、Zビルの特徴のうち何が評価された」という体系的な分析ができた。そして、セグメントごとに顧客が評価する強みを活かしたメッセージを販促ツール、セールストークなどという形で発信するという顧客接点にまで落とし込むことができた。

このうちのどれが欠けても、各施策が効果的にならない。その意味で、基本的なセグメンテーションツールにさらなる広がりと深みが加わったと考えている。顧客セグメンテーションという基本ツールでも、戦略BAS・iCSというフレームワークを使うことで、「競合」「差別化」「メッセージ」などの他の要素を俯瞰し、一貫性をとることにより、さらに強力な力を持てるのだ。

5 戦略BASiCSをトレーニングする

ビジネス紙、ビジネス雑誌、TVの特集で、色々な会社の戦略が明らかにされている。それらを教材として戦略BASiCSをシミュレーションしてみる。

新聞、ビジネス雑誌から

戦略BASiCSという考え方がわかり、使い方もわかった。では、最後に戦略BASiCSという戦略的な考え方、発想方法をあなたのアタマの中にインストールするためのトレーニング方法を紹介しよう。

BASiCSという戦略的思考プロセスに慣れるには、やはり場数を踏むことだ。コンサルティングや経営者（またはその候補者）向けの社内研修でBASiCSを作っていただくと、最初はまずうまく作れない。しかし慣れれば、歩くときには右脚を出すと同時に頭を前のほうに動かして……などと考えないのと同様、自然にできるようになる。

日経各紙やビジネス系の雑誌には、色々な会社の戦略が載っている。ニュースとして伝えられる場合には戦略BASiCSのような形では整理されていない。そこで、それを教材としてアタマの中でシミュレーションしてみる。
たとえば、パイロットの人気商品の「コレト」というペンが、あるとき日経ＭＪに紹介された。コレトは１０５円の空のケースを買い、中に入れる2色を自分で選ぶ、という2色ペンだ。色はブラック、レッド、ブルー、グリーン、バイオレット、ピンク、オレンジ、ブラウン（各１０５円）など色々揃っている。

本書をここまでお読みいただいたあなたなら、これを読んだ瞬間に、「これは密着軸の差別化戦略、その中でもカスタマイズ型だな」というのはピンと来るだろう。顧客ターゲットは、2色ペンでも赤・黒などの通常の色では我慢できない、こだわり層だということも推測がつく。ペンを入れたり出したりして交換することの手間をいとわない、あるいはそれに楽しさを感じられる人がターゲットになる。実際、若い女性やＯＬなどに人気だそうだ。

普通のボールペンという「競合」に対しては、色を取り替えられるボールペンという製品レベルでは「差別化」されている。では、この製品は「独自資源」に支えられているだろうかという確認をする。特許などで守られていない限り、製品レベルでは簡単に真似されてしまいそうだ（特許で守られている場合には特許が「独自資源」になる）。

では、競合他社が真似してきたらどうすればよいのだろうかと考えていく。その場合は戦場が「ボールペン」戦場から「交換ボールペン戦場」へと変わるので、「交換できる」ということは差別化ポイントにならない。

すると、色の多さなどが「差別化ポイント」になるかもしれない。面白い色を矢継ぎ早に投入していく「開発体制」を「独自資源」として整えておいたほうがいいかもしれない。また店頭配荷を先におさえて、競合他社が後から来ても店頭にスペースがないようにする、それまでに製品知名度を上げて指名買い率を高めるなどの「先行者優位」を独自資源にすることはできないかと考えていく。

そうなると、普及を加速して交換2色ペン「戦場」を最初に制覇することが独自資源の育成になるから、いっそ空のペンケースは105円からさらに値下げしておくことは意味があるだろうか……知名度を上げるためには、「メッセージ」は、「コレト、コレトの2色を好きなように選ぼう!」という連呼型がいいはずだ……といった具合に、5つの要素をアタマの中でぐるぐるぐるぐる動かしていくのだ。これを繰り返すと、自然と戦略的な考え方ができるようになるのだ。何もないところからこのように考えるのは難しいが、戦略BASiCSというフレームワークがあれば、戦略的発想力が身につくのだ。

◎——電車の広告、テレビ広告から

電車やテレビの広告は格好の教材だ。広告は、「メッセージ」(Selling Message)だ。そこから、他の4つの要素を考える。

たとえば、ワンボックスカーのテレビCMを見たとする。このCM(メッセージ)の映像は、5~10歳くらいの子供にフォーカスしている。両親は40歳くらいか。BGMのアーティストが××だから、「ターゲット顧客」は40歳くらいとみて間違いないだろう。

では、このＣＭで訴求している「差別化ポイント」は何だろう？　イメージだけだから、実はこのクルマには製品の明確な競合優位がないのかもしれない。しいていえば、車内空間の広さが「強み」になっているように見える。そうなると、競合はワンボックスカーはもちろん、広めのセダンも「競合」だな……。家族が４人であれば、セダンでも十分だ。するとこれは「競合」が多いな。

では私だったらどうするだろうか。セダンという「競合」に対しては、広さで「差別化」できるだろう。そうなると、４人家族よりは３世代家族などの「顧客」のほうがニーズがあるのではないか？　ＣＭでのＣＭという「メッセージ」も、そういう作りにすべきではないのか。このＣＭの「メッセージ」では、セダンに対しての「差別化ポイント」が訴求しきれていない。

では、他のワンボックスカーという「競合」と「差別化」するにはどうすればいいんだ？　車内空間の広さといったって、そんなにワンボックスカー同士で違うはずがない。ここの決め手を欠いているな。では、どういう商品を開発すればいいのだろうか。３世代家族を「ターゲット顧客」に置いたとすると、欲しいモノは居住空間だろうか。祖父母は当然孫とのコミュニケーションが大事だろうから、すると、製品開発はどうするか……。


という具合に、ＣＭという「メッセージ」からはじめても、結局は５つの要素をぐるぐる回すことになる。ＣＭのメッセージなどは、一見戦術的な要素に見えるので、広告代理店に任せっきりにしているかもしれない。しかしＣＭメッセージも非常に戦略的な決断であり、経営者による差別化戦略との一貫性のチェックは必ず必要だ。そのような希望を受け入れない広告代理店は、あなたのためのＣＭではなく、自分が賞を取りたい、または自分が作りたいＣＭを作っている可能性がある。

このような訓練は、仮説検証サイクルを回す練習にもなる。最初に立てる仮説レベルの議論でも、何回も何回もＢＡＳ·ｉＣＳのサイクルを回すと、相当練られたものになる。

何事もそうだと思うが、大事なのは日頃の訓練だ。最初はＢＡＳ·ｉＣＳをひとつずつチェックしていくことになるが、回数を重ねるうちに、「戦場（競合）を変えると差別化ポイントが変わる」「差別化ポイントが変わると、それを重視する顧客とメッセージが変わる」というダイナミックな思考プロセスが自然とできるようになる。

そのときには、あなたは「戦略的思考法」という極めて強力な思考メソッドを獲得できたことになる。そこまでいけば戦略ＢＡＳ·ｉＣＳの免許皆伝だ。

あなたが経営者であれば、部下にもそのようなトレーニングを積ませておいたほうがよい。このような思考プロセスは、日頃から訓練しておかないと、いきなりはできない。その意味で、戦略ＢＡＳ·ｉＣＳの思考プロセスをいつでも使える戦略性の高い社員は、あなたの会社の強力な「独自資源」となる。今からそのために投資すれば、必ずあなたの会社に返ってくるはずだ。

戦略ＢＡＳ·ｉＣＳがあなたの会社の社員間で共有され、社員の戦略性が高まり、あなたの会社の「独自資源」となれば、自らの「独自資源」であるノウハウを惜しみなく開示した私にとって、最大の喜びである。

本書のまとめ

Step 1	戦略の本質を理解する	顧客は価値を買う。戦略BASiCSの5要素で顧客にとっての一貫した価値提供を行うのが戦略の本質。
Step 2	Battlefield 戦場・競合	「競合」は、「顧客」のアタマの中に浮かぶ選択肢の束。「競合」より高い価値を「顧客に」提供して「競合」に勝つ!
Step 3	Asset& Strength 独自資源& 強み・差別化	「競合」には提供できない、かつ「顧客」が重視する「価値」を「強み」として「差別化」する。「強み」が「独自資源」に基づいていれば、「差別化」ポイントは競合が真似できない。
Step 4	Customer 顧客	経営戦略をすべて「顧客」のアタマの中の思考様式に合わせていく。顧客セグメントにより、求める「価値」が異なるので、「競合」「差別化ポイント」「メッセージ」が異なる。
Step 5	Selling Message メッセージ	「顧客」に見えるものは「メッセージ」だけ。顧客は「メッセージ」だけから判断する。「差別化ポイント」を「価値」に翻訳して「顧客」に伝える。人間の「欲求」に訴えるのがカギ。
Step 6	戦略 BASiCSを使いこなす	相互に密接に連動する5要素をグルグル回して一貫性をとる。「独自資源」に基づいた「競合」に真似できない「差別化ポイント」を「価値」として「顧客」に提供し、「メッセージ」として伝える。

本書のチャートの一部は、著者のホームページ〈www.sandt.co.jp/keiei.htm〉より無料でダウンロードできます。

おわりに

２００４年の事業所統計によれば、いわゆる「会社」は日本全国に２５３万社ある。ということは、会社のトップたる「社長」はたった２５３万人しかいないということになる。日本の総人口から見れば、たった２％強、１００人に２人しかいないことになる。あなたが社長であれば、あなたはたった２％のうちのひとりなのだ。そして同時に、３８４２万人いる従業員に責任を負っているのだ。誇りを持つべきだ。

「スパイダーマン」という映画をご覧になっただろうか？　日本でも02年に公開された映画だ。私も飛行機の中で見たが、非常に心を打たれた。命をかけて敵を倒した主人公が、ずっと片思いだった女性から、最後に愛を告白される。ありがちなハッピーエンドかと思いきや、主人公はなんとその告白を優しく拒絶する。心の中では泣きながら、だ。

その理由が、"With great power comes great responsibility"。「大いなる力には、大いなる責任が伴う」という意味だ。スパイダーマンとして強力な力を手に入れた主人公は、社会に対して大きな責任を負った。そのためには、自分だけの幸せを遠ざけてでも、社会全体に貢献する正義の道を選んだのだ。

経営者も、スパイダーマン同様、会社を動かすという大いなる力を持っている。政府よりもその影響力は大きいかもしれない。だから大きな責任が伴う。あなたの会社の従業員の運命を、あなたが左右するのだ。だからこそ、実戦的な経営戦略が必要なのだ。戦略は、経営という厳しい競争を勝ち抜いていく強力な武器だ。その武器を使いこなす責任があなたにはある。

本書で解説している経営戦略は、一見簡単そうだが、実はトップスクールMBA以上の深みと広がりをもっている。本質をえぐっているので、単純に見えるだけだ。何においても本質とは単純なものだ。少なくとも、私が世界トップMBAのウォートンスクールで学んだことより、はるかに戦略の核心に近い。この草稿を読んでもらった米国トップスクールMBAの卒業生にも「感動した」といっていただいた。

私も経営者になってみて、はじめて経営者にしかわからないことの存在に気づいた。経営者の打ち手は社員と比べて桁違いに広い。私自身も経営戦略・マーケティングのコンサルティング会社、ストラテジー&タクティクス株式会社の経営者である。前職でも、私の上には社長しかいなかったが、独立して社長になった瞬間に、自由度がすさまじく広がった。

株主が応じるという前提はあるにせよ、どの戦場（市場）で戦うかを決められる。顧客も選べるし、会社の強みをどこに持っていくかも決められる。「長期的に重要なこと（たとえば社員教育、設備投資）のために短期的なこと（たとえば今年の決算）を犠牲にする」というような決断は、経営者でなければ難しい。このような打ち手の広さは、経営者にしかないものだ。

打ち手が広いからこそ、経営者はそれらをすべて考えなければならない。社員は「できる範囲の中で全力を尽くす」と、ある意味割り切らなければ仕事にならない。しかし経営者には、資源（お金、社員、設備など）の制約はあっても、「これをやってはいけない」という制約がない。

だから、経営者は悩む。経営者は不安だ。経営者は孤独なのだ。社員にグチはこぼせない。決定の最終責任は自分が負う。

社員には、制約がある分、ある種の言い訳ができる。しかし、経営者の決定の責任は自分が負う。だから「これでいいのか」という不安がつきまとう。不安だからこそ、戦略を考えることに意味がある。打ち手を広く考え、ある戦略で戦うという決断をしなければ、「あれもできる、これもやらなければ」と不安になってしょうがない。その気持ちは私もよくわかる。

そんな経営者のための経営の道具が、実は経営戦略だ。経営戦略は経営者が「オレはこれでいく」とハラをくくる道具でもある。ハラをくくるためには、考え抜く必要がある。だから、戦略ＢＡＳｉＣＳのような道具が必要なのだ。

このような道具があれば、経営者の悩みを社員と共有化できる。経営者と社員が同じ土俵で経営戦略を語ることができる。経営者と社員が議論を重ねてできた戦略なら、一致団結して実行もされやすい。

経営者の責任は重い。しかし、それだけ、やりがいのある仕事だ。スパイダーマンの主人公が「大いなる力には、大いなる責任が伴う」というなら、私は「大いなる責任には、大いなるやりがいが伴う」といいたい。それだけ従業員に対して、社会に対して、そして日本に対して果たす役割が大きいのだ。

日本の行く先は、政府が決めるのではない。国民である私たちが担う。日本経済の担い手は、官ではない。日本経済は、遠くの空の上のことではない。私たちの会社がモノを売り、日本国民たる我々が、それを買うという「戦場」の集まりなのだ。３８４２万人の従業員をひっぱる、経営者のあなたが果たす役割と責任は大きいのだ。

日本企業の競争力が落ちているといわれる。日本人の能力が低下しているのだろうか？そうは思わない。外国に行くたびに思うことだが、日本人の勤勉性、サービス精神などは依然世界のトップクラスにある。そんな素晴らしい日本に足りないのは戦略性だ。「組織どのようにケンカに勝つのか」「彼我の強みを冷徹に見極めて、どのように最大限に活用し、競合を打ち破るのか」という戦略構築力において、日本ははるかに遅れている。

私の会社、ストラテジー&タクティクス株式会社のミッションは、微力ながら、我々の戦略性を高めることだ。すべての人の手に、戦略という武器を届けたい。そして、強みを活かした戦略で、会社の、そして個々人の輝きを解き放ちたい。

ここまで読破されたあなたなら、戦略的な意識が相当高まったはずだ。それでも実戦には様々な問題・障害がつきまとうだろう。そのときには、ストラテジー&タクティクス株式会社（「戦略」という名の会社だ）がお手伝いする。

また、本書は経営戦略の書だが、本書で考えた経営戦略を実行し、売上につなげていく際のチェックリストとして、ぜひ拙著『マーケティング戦略実行チェック99』（日本能率協会マネジメントセンター）を使っていただきたい。経営戦略をマーケティング戦略・戦術として具体化する際のチェックポイントを体系的に99個にまとめている。本書とペアで使っていただくと効果的だ。チェックリストはwww.sandt.co.jp/check.htmでご覧いただける。

さらに、拙著『図解　実戦マーケティング戦略』（日本能率協会マネジメントセンター）では、戦略BASiCSを含めた基本的なマーケティング戦略理論をまとめてあり、こちらも併せてお役に立てるだろう。

私も経営者のはしくれだ。同じ経営者であるあなたとともに日本を良くしていくことができれば、それに勝る喜びはない。強力な武器はすでに私たちの手の中にある。それが戦略BASiCSだ。この中には、世界の最先端の経営戦略論の本質が包含されている。戦略という最強の武器を手に、共に戦っていこうではないか。

謝辞

最後に、本書を書くにあたってお世話になった方々に感謝の意を表したい。まずは、5つの経営戦略論を数々の実証データをもとに提唱された、経営戦略論の先達たち。この方々の発見・洞察がなければそもそも5つの要素を発見することすらできなかっただろう。

また、本書の重要な一部となった「3つの差別化戦略」の発案者、M・トレーシー氏、F・ウィアセーマ氏の研究に感謝したい。この3つの差別化戦略は大変切れ味がよいが、(少なくとも日本では)まだまだ知られていない。軸の呼び方も含め、私流に相当アレンジしているので、両氏の真意が伝わらなければ私の責任である。戦略BASiCSが縦串とすれば、3つの差別化戦略はいわば横串である。本書を両氏がお読みになることはないだろうが、感謝の意を表したい。

そして、前職ラップコリンズ、現職ストラテジー&タクティクス株式会社での私のクライアントの方々。守秘義務の関係から、名前を挙げることはできないが、そこでの経験を通じて本書の戦略ツールが実戦性を持ち、成果を出せることが立証された。太田清さん、理加さんご夫妻には様々なご協力をいただいた。また杉山洋介氏には、戦略BASiCSを経営者自身が考えていく上での様々な示唆をいただいた。感謝を表したい。

在籍したNTT、ワーナーランバート(現キャドバリージャパン)の方々にも感謝したい。

失敗も含めて、当時の実戦経験が現在にどれだけ役に立っているかわからない。とくに、宗邦弘氏、権藤章氏には現在も様々な助言をいただき、大変勉強になっている。前職のラップコリンズの皆様にも大変感謝している。宮澤節夫氏には現在も色々な面での支援をいただいている。ここに感謝を表したい。

私の経営者仲間の方々からも数々の有益な示唆をいただいた。KTマーケティング株式会社の土屋浩二氏にはいつも有益な情報をいただいている。MBA Solutionの安部徹也氏は、様々な機会に励ましをいただいた。経営者連邦の小笠原昭治氏からも数々の有益な示唆をいただいている。経営者連邦に属する経営者の方々にも、色々な気づきをいただいており、ここに感謝したい。

早稲田大学の藤井正嗣教授には、社長としてまだまだ未熟な私への多岐に渡るご支持をいただき、ここに感謝させていただきたい。

コンサルタント仲間であり、ウォートンMBAの同期生でもある東原俊哉氏には様々な助言をいただき、私の理論形成に深みのある示唆をいただいた。

大学時代からのおつき合いとなる室永氏には、戦略の様々な検証をしていただいた。ディベートつながりの片山幹氏には本書の一貫性について有益な示唆をいただいた。神田晴彦氏にもテキストマイニングの有益な示唆をいただいた。ここに感謝したい。

それから本書で取り上げた会社およびその経営者・社員の方々。実行には様々な労苦がつきまとうが、壁を乗り越え実績を上げることは想像以上に大変だ。熱意と努力に心から敬意を表したい。

さらに、私の発行するメルマガ、1万6000人の「売れたま！」読者。実戦経験のある様々なフィードバック、ご意見は、私の理論に洗練と実戦性を加えていただいた。そのお礼として、今後もお役にたてるメルマガを書き続けていきたい。

常に私を鼓舞し、叱咤激励してくれる妻の恵子には並々ならぬ感謝をしたい。妻としてだけでなく、外資系のキャリアウーマンとしても結果を出し続けるその姿勢とアドバイスは、戦略ＢＡＳｉＣＳの実効性を証明し、かつさらに実戦的で有益なものにしてくれた。

最後に、ここまで我慢強くお読みいただいたあなたに最大の敬意を表したい。あなたは私の盟友である。あなたが成功を収め、エスプレッソで乾杯できる日を心待ちにしている。

サルーテ！

ストラテジー＆タクティクス株式会社代表取締役社長　佐藤義典

参考資料

・Porsche社　Annual Report 2005/06
・株式会社幸楽苑　第36期事業報告書、第37期中間報告書
・トヨタ・資生堂・シャープ各社の決算資料
・パナソニックモバイルパソコン直販サイト　My Let's 倶楽部　http://www.mylets.jp/
・山川醸造株式会社ウェブサイト　http://www.tamariya.com/anata.html
・朝日酒造ウェブサイト　http://www.asahi-shuzo.co.jp
・ハーレーダビッドソンウェブサイト　http://www.harley-davidson.co.jp/index.html
・ラ・ベットラ　ウェブサイト　http://www.la-bettola.co.jp/
・アマゾンウェブサイト　http://www.amazon.co.jp/
・デオデオウェブサイト　http://www.deodeo.co.jp/service/ss.html
・花王ウェブサイト　http://www.kao.co.jp/soudan/information/echo.html
・内堀醸造ウェブサイト　http://www.uchibori.com/su-sake.html

・日本経済新聞朝刊	2003/11/28　13P	2005/02/19　35P	2006/09/27　11P
・日経流通新聞ＭＪ	2005/06/08　15P	2005/08/29　24P	2005/11/28　6P
	2006/06/02　9P	2006/06/21　5P	2006/07/12　9P
	2006/07/21　1P	2006/08/13　3P	2006/08/13　10P
	2006/08/28　1P	2006/09/01　3P	2006/09/01　6P
	2006/09/18　3P	2006/10/11　5P	2007/03/05　9P
	2007/03/02　3P		
・日経産業新聞	2006/01/20　13P		

参考図書

「日経ベンチャー」　2006年８月号　34P　35P
「Harvard Business Review」 1993 January-February
「Harvard Business Review」 「Marketing Myopia」BEST OF HBR1960　Theodore Levitt著
「Customer Intimacy and Other Value Disciplines」Michael Treacy and Fred Wiersema
『ナンバーワン企業の法則―勝者が選んだポジショニング』（M.トレーシー、F.ウィアセーマ　日本経済新聞社）
『マネジメント 基本と原則［エッセンシャル版］』（P・F. ドラッカー　ダイヤモンド社）
『Think!　2004年秋号』（東洋経済新報社）
『リッツ・カールトンが大切にする サービスを超える瞬間』（高野登　かんき出版）
『中小企業白書2005年版』（日本経済新聞社）
『市場占有率　2000年版』（日本経済新聞社）
『市場占有率　2007年版』（日本経済新聞社）

【著者紹介】

佐藤　義典（さとう・よしのり）

◉——早稲田大学政治経済学部卒業後、ＮＴＴに入社。営業・マーケティングを経験後、米国ペンシルバニア大学ウォートン校にてＭＢＡを取得（1996年卒業、経営戦略・マーケティング専攻）。外資系メーカーへ転籍、ガムのブランド責任者としてマーケティング・営業・開発・製造などを統括する。その後、外資系マーケティングエージェンシーのコンサルティングチームのヘッドなどを経て、2006年ストラテジー＆タクティクス株式会社を設立。現在、代表取締役社長をつとめる。中小企業診断士の資格も持つ。

◉——大手新聞社、財閥系不動産会社、世界トップ産業機械メーカー、高級化粧品メーカー、世界トップロジスティックプロバイダー、大手航空会社など、幅広い業種のマーケティング戦略・戦術のコンサルティング実績を持つ。本書で紹介している「戦略ＢＡＳｉＣＳ」を核とするコンサルティングや経営戦略・マーケティングの企業研修は、的確かつ実戦的と定評がある。また読者数１万6000人超の人気マーケティングメルマガ「売れたま！」の発行人としても有名。

◉——著書に『マーケティング戦略実行チェック99』『図解　実戦マーケティング戦略』（ともに日本能率協会マネジメントセンター）、『ドリルを売るには穴を売れ』（青春出版社）がある。

研修・コンサルティングの詳細・ご依頼は
■ストラテジー＆タクティクス株式会社
www.sandt.co.jp
著者連絡先
y.sato@sandt.co.jp　まで

経営戦略立案《けいえいせんりゃくりつあん》シナリオ　〈検印廃止〉

2007年５月21日　第１刷発行
2024年11月７日　第10刷発行

著　者——佐藤　義典©
発行者——齊藤　龍男
発行所——株式会社　かんき出版
東京都千代田区麹町4-1-4西脇ビル　〒102-0083
電話　営業部：03(3262)8011(代)
　　　編集部：03(3262)8012(代)
FAX　03(3234)4421　　振替　00100-2-62304
http://www.kanki-pub.co.jp/

印刷所——大日本印刷株式会社
ＤＴＰ——タイプフェイス

ISBN978-4-7612-6428-4 C0034